잘 모이는 공식

잘 모이는 공식

같은 월급으로 다른 결과를 만든 월급쟁이 부자들의 비밀

김경필 지음

비즈니스북스

잘 모이는 공식

1판 1쇄 발행 2017년 3월 15일
1판 2쇄 발행 2017년 3월 18일

지은이 | 김경필
발행인 | 홍영태
발행처 | (주)비즈니스북스
등 록 | 제2000-000225호(2000년 2월 28일)
주 소 | 03991 서울시 마포구 월드컵북로6길 3 이노베이스빌딩 7층
전 화 | (02)338-9449
팩 스 | (02)338-6543
e-Mail | bb@businessbooks.co.kr
홈페이지 | http://www.businessbooks.co.kr
블로그 | http://blog.naver.com/biz_books
페이스북 | thebizbooks
ISBN | 979-11-86805-57-2 03320

돈을 잘 모으는 사람과
돈이 잘 안 모이는 사람의 차이

필자는 지난 8년간 직장인을 대상으로 한 세미나에 참석한 2,000여 명에게 이런 설문 조사를 했다.

"돈 관리를 하는 데 가장 큰 애로 사항이 무엇인가요?"

다양한 대답이 나올 거라는 예상과 달리 답변은 두세 가지 정도로 압축되었다. 그중 가장 많은 대답이 '돈이 잘 안 모인다'는 것이었다. '잘 안 모인다'라는 말 속에는 '잘' 대신 '이상하게', '노력해도', '뜻대로' 등 표현 방식은 다를지라도 결론의 동사는 그대로였다. 결국 '안 모인다'는 것이다. 질문한 의도에 비해 대답은 허무하기 그지없었다. 이 말은 '공부하는 데 가장 큰 애로 사항이 무엇인가요?'라는 질문에 그냥 '공부가 안 된다'

고 하는 대답과 같다.

이런 생뚱맞은 대답이 나온 이유는 무엇일까? '안 모인다'는 말은 '모으지 않았다'는 의미가 아니다. 열심히 모았지만 생각과 달리 결과가 신통치 않다는 것이다. 열심히 물동이에 물을 퍼 담았건만 물동이에 구멍이라도 있는 건지 물이 차오르지 않았다는 뜻이다.

그다음으로 많은 대답은 '소비를 줄이기 어렵다'였다. 첫 번째 대답과 비슷해 보이지만 그나마 이 대답은 원인을 짐작할 만한 실마리가 숨어 있다. 바로 과소비다. 하지만 가장 많은 첫 번째 답변은 그 원인을 도무지 알아차리기가 쉽지 않다. 그런데 그들과 대화를 나눠 보면 왜 그런 답변을 했는지 고개가 끄덕여진다.

돈이 잘 안 모이는 데에는 이유가 있다

어떤 목적으로 얼마를 어떻게 모아야 하는지 모르는 막연한 상태에서 돈을 '모으다 깨고' 또 '모아서 쓰고'가 되풀이되는 것이다. 그러다 보니 정작 필요한 곳에 돈을 쓰려고 하면 생각만큼 돈이 모여 있지 않은 것이다. 이런 이유로 많은 사람이 어디론가 돈이 새어 나간다며 답답해한다.

반면 이들과 달리 비슷한 소득에도 돈을 착착 잘 모으는 사람도 있다. 그렇다면 전자의 '돈이 잘 안 모인다'와 후자의 '돈이 잘 모인다'는 사람의 미묘한 차이 아니 엄청난 차이는 어디서 비롯된 것일까? 필자는 지난

10년간 직장인들과 많은 상담을 하면서 미묘한 차이인 듯 보이지만, 실로 엄청난 차이를 만들어 내는 사람들을 목격해 왔다. 그들만의 '공식'으로 돈을 착착 잘 모으는 사람들 말이다.

빠르게 변화하는 환경에서도 기본이 흔들리지 않고, 모두가 말하는 위기에도 꾸준히 증가하는 그들의 자산 성장 과정도 지켜보았다. 그들은 많은 사람이 생각하듯 악착같이 절약만 고집하는 저축 머신도 아니고 모든 인간관계를 끊고 돈에만 매달리는 자린고비도 아니다. 저축을 많이 하긴 하지만, 그보다 돈을 목적과 쓰임새에 맞게 모은다. 그래서 중간에 다른 곳으로 돈을 흘리지 않는다. 생각한 대로 목적에 맞게 돈을 잘 남기는 사람들, 그들만의 계획으로 돈을 모으고 쓰는 방식은 특별하지 않은 것처럼 보이지만 사실은 아주 특별한 방법이다. 바로 돈이 '잘 모이는 공식'이다.

그렇다면 왜 지금 우리에게 '잘 모이는 공식'이 필요한 것일까?

2000년대 들어 사람들의 입에 가장 많이 오르내리는 단어가 무엇일까? 바로 '위기'일 것이다. 경제 분야는 물론이고 다른 어떤 분야에서도 모든 뉴스에 위기라는 말이 어김없이 등장하고 있다. 세계경제에 불어닥친 장기불황은 우리가 앞으로도 맞닥뜨려야 하는 환경이 되어 버렸다.

이제 그 누구도 이러한 위기로부터 자유롭지 못하다. 이런 위기 때문에 과거 성공에 적용되었던 모든 공식이 오래된 전자제품처럼 제대로 작동하지 않게 되었다. 과거에 옳았던 것이 이제는 더 이상 옳지 않고, 과거에 틀렸던 것이 지금에 와서는 되레 정답이 되기도 한다.

현시대를 일컬어 모든 판단의 기준 자체가 완전히 달라졌다는 의미에서 뉴노멀New Normal 시대라고 말한다. 호황기에는 능력이 좀 부족해도 웬만하면 함께 묻어 갈 수 있었지만 지금은 그렇지 않다. 이제는 경쟁에서 살아남는 자와 도태당하는 자, 이렇게 둘로 나뉠 뿐 중간이 없다. 위기는 마치 변별력이 높은 시험처럼 진짜 실력자만을 가려낸다.

세계적으로 경쟁력 있는 기업들은 이 위기라는 바늘구멍을 통과하면서 더 강해진 경우다. 위기라는 시험 앞에 기존의 방식을 과감히 부정하고 제로베이스에서 다시 시작하는 '혁신 전략'을 선택한 것이다. 결과적으로는 위기가 달라진 환경에도 통할 수 있는 '새로운 공식'을 만들어 내게 한 원동력이 된 셈이다.

미국의 자동차 회사 테슬라의 CEO 일론 머스크는 전기자동차는 경제적인 차라는 고정관념을 완전히 깨고 '전기차는 가장 진보되고 대중적인 차'라는 새로운 공식을 시장에 심어 불황에서도 놀라운 성장을 이루었고, 세계의 혁신 기업 1위에 뽑히기도 했다. 거꾸로 생각하면 '과거의 공식'에 갇혀 변화에 대응하지 못하는 순간 도태당한다는 것을 잘 보여주는 사례다. 그렇다면 개인은 어떨까? 재테크도 지금까지 한 번도 겪지 못했던 큰 위기를 맞고 있다.

초저금리에 돈을 불리는 것이 어려워진 이유도 있겠지만 그보다는 돈을 계속 벌 수 있을까 하는 불안감이 증폭된 탓이 더 크다. 이제 더 이상 과거의 재테크 공식이 성공을 보장하지 못하게 되었다는 말이다. 그렇다면 위기를 디딤돌로 삼아 새롭게 변화한 기업처럼 개인도 이런 위기를 전화위복으로 삼을 수는 없을까? 위기를 자기 혁신과 변화의 기회로 만드는 사람은 언제나 존재했다. 남들보다 한발 앞서 이런 위기에 대비하려는 사람이 바로 이 책을 집어 들고 이 물음에 고민하는 당신일 것이다.

이 시대에 맞는 새로운 재테크 공식이 필요하다

변화와 혁신을 꿈꾸는 모든 사람의 노력이 헛되지 않고, 또 노력의 결과가 밑 빠진 독으로 새어 나가지 않기 위해 새로운 공식이 절실히 필요하다. 설문에서 '돈이 잘 안 모인다'고 대답했던 수많은 사람을 떠올려 본다. 아무리 공부해도 성적이 오르지 않아 답답해하는 학생에게 공부 시간을 늘려야 한다는 조언은 무의미하다.

그보다는 똑같이 공부하면서도 단기간에 성적을 올렸던 학생의 공부하는 요령, 바로 '잘되는 공식'이 필요하다. 위기는 어떻게 활용하는가에 따라 좋은 터닝 포인트가 되기도 한다. 얼마 전 재무 상담을 했던 이준석(34세) 씨와 박선주(32세) 씨는 결혼 3년 차 부부다. 남편은 2년 전 S기업에 근무하다 희망퇴직해서 지금은 통신사 K기업에 다니고 있으며 아내는 법무법인에서 사무직으로 근무하고 있다. 그런데 젊은 나이에 희망퇴직이라니?

필자는 특이한 이력이 궁금해서 그 이유를 물어 보았다. 적성에 맞지 않는 기업 문화와 툭하면 불거지는 구조조정에 염증을 느껴 왔는데 때마침 전 직원을 대상으로 희망퇴직을 실시해 보다 안정적인 곳으로 옮기고 싶었다고 한다. 지금이야 웃으면서 말할 수 있지만, 지난 2년간 부부는 남모를 어려움이 많았다. 남편은 남들이 선망하는 회사를 박차고 나올 때만 해도 자신만만했다.

그의 계획은 시간을 두고 준비해서 안정적인 공기업에 재입사하는 것이었다. 하지만 현실은 만만하지 않았다. 처음에는 희망퇴직으로 받은 2년 치의 연봉으로 차분히 준비하면 이직할 수 있을 거라 생각했다. 하지만 공부를 시작한 지 몇 개월이 지나자 마음도 흔들리고 시험 준비도 여의치 않았다. 점점 불안감이 밀려오면서 부부는 힘든 시기를 보내야 했다.

남편의 퇴직에 적극 찬성하며 힘을 실어 주던 아내도 불확실한 시간이 계속되자 생각이 달라졌다. 그런데 따져보니 그동안 부부의 씀씀이가 매우 컸다고 한다. 매년 두세 번 해외여행을 다녀왔고 바로 옆 동에 사는 친정에서 이런저런 지원(?)을 받아 왔다. 그런데도 둘만의 생활비가 월 평균 400만 원을 훌쩍 넘었다.

상황이 이러하니 결혼 2년이 넘도록 부부의 자산은 거의 늘어나지 않았다. 아내는 위기감이 계속되자 대책이 필요하다는 생각을 하게 되었다. 지금까지는 소득이 항상 존재할 거라는 생각으로 돈 관리를 했지만, 소득이 언제라도 끊길 수 있다는 현실에서 돈을 바라보게 된 것이다. 반드시 필요한 지출까지도 무조건 줄이는 것이 아니라 불필요하게 반복되는 소비를 없애기 위해 그동안 한계를 두지 않았던 생활비와 개인 용돈에 세부적인 예산을 만들어 본 것이다. 그녀는 월 생활비를 크게 네 가지로 나눠 사용했다.

a.고정 생활비 b.변동 생활비 c.개인 용돈 d.예비비

또한 자연스럽게 가계부도 쓰게 되었다. 웬만한 사람이면 다 하는 단순한 관리지만, 변화의 결과는 놀라웠다. 각각의 예산이 적당한지 실제 생활에서 실행해 보고 소비 예산의 금액을 매월 다시 조정해 나갔다. 이런 변화를 겪고 난 뒤 그녀는 과거보다 훨씬 적은 돈으로 생활함에도 크게 불편하지 않다는 것을 느꼈다고 한다. 다행히 얼마 전에 남편이 중견 기업에 재취업하면서 부부는 다시 맞벌이로 복귀했다. 예전의 생활로 돌아왔지만 그전과 많은 것이 달라져 있었다. 그녀는 저축이 포함된 다섯 가지 예산에 각각 세부 예산까지 포함해 총 열두 가지의 예산 항목을 정해 놓았다.

a.고정 생활비 예산 (경상비, 주식비)
b.변동 생활비 예산 (여행, 의복, 외식, 쇼핑, 여가, 경조사)
c.저축 예산
d.예비 예산

이런 과정을 겪으면서 그녀는 한 가지 재밌는 사실을 발견했다. 희한하게도 예산의 세부 항목이 늘어날수록 돈을 쓰는 것이 답답하지 않고 오히려 자유롭게 느껴진다는 것이다. 사람들은 돈을 쓸 때마다 이 부분에 이만큼 써도 괜찮을까 하는 의구심을 갖곤 한다. 하지만 그녀는 세부적인 항목으로 예산을 정했기 때문에 지출이 자유롭게 느껴진다는 것이다.

이제 한발 더 나아가 당장 쓰는 돈 말고도 앞으로 인생에서 꼭 필요한 돈에도 예산을 세워 보기로 했다. 막연했던 돈이 미래의 목표라는 이름으로 뚜렷하게 눈에 들어오기 시작했다. 저축에도 구체적인 예산을 세우기 시작한 것이다. 그녀는 돈이 어디에 얼마큼 들어가는지 몰랐던 시간을 떠올리며 한숨을 쉬었다.

돈 문제의 진짜 원인을 파악하라

돈 때문에 생기는 많은 문제가 결국 돈이 부족해서가 아니라 불확실하기 때문에 생긴다는 것을 깨달았다. 어떤 것이 문제인지 명확해졌다는 것은 앞으로 그 문제가 해결 가능하다는 것을 의미한다. 불안감은 돈이 얼마나 들어가야 하는지 모르는 불확실성에서 온다. 위기가 이 부부에게 인생의 터닝 포인트가 되는 기회로 작용한 것이다.

사람들은 스스로에게 질문한다. 지금처럼 돈 관리를 해도 문제가 없을까? 대부분의 사람이 '이대로는 안 된다'는 생각을 한다. 하지만 그다음 '그럼 어떻게 할 것인가?' 하는 질문에는 선뜻 대답하지 못한다. 마치 서서히 데워지는 물속에 있는 개구리가 물 밖으로 뛰쳐나가지 못하는 것처럼 말이다.

그도 그럴 것이 보통 우리에게 닥치는 위기는 이들 부부와 달리 서서히 다가오기 때문에 급격한 변화에 대응하기가 쉽지 않다. 회사가 위기를 맞았다고 해서 이번 달부터 당장 월급이 끊기는 경우는 드물기 때문이다. 그래서일까? 변화 요구에 한 박자씩 늦게 대응한 이는 위기가 닥치면 좌절을 맛보게 된다. 반면 변화에 민첩하게 대응한 이는 그 위기를 발판으로 삼아 기회를 잡는다.

금융위기 이후 단 한 번도 위기가 아닌 적은 없었지만, 그 당시만 해도 위기가 얼마나 계속될지 불확실했다. 하지만 이제는 모든 것이 명확하다. 앞으로 위기는 계속될 것이다. 이러한 상황에서 우리에게는 새로운 혁신과 변화를 이끌어 줄 지침서가 필요하다. 이런 이유로 단순한 것 같지만 매우 강력하고, 사소한 것 같지만 매우 중요한 돈 관리 방법에 대해 살펴볼 것이다.

'내가 지금 어디에 서 있는가'보다 지금 어디를 향해 가고 있는지 생각해 보자. 당신이 한꺼번에 몰려오는 어려움 앞에 아무런 대처 없이 손 놓고 있거나 '어떻게 되겠지' 하는 근거 없는 낙관론을 갖고 있다면 이것이야말로 정말 큰 위기가 아닐 수 없다.

미래에 대해 무조건 잘될 거라 생각하는 것을 긍정적인 자세라고 착각해서는 안 된다. 긍정적인 자세는 모든 일이 잘될 거라고 믿는 마법의 주문 같은 마인드 컨트롤이 아니다. 어떤 어려움이 닥쳐도 잘 준비해서 극복하겠다는 것이 진정 긍정적인 자세다. 위기의 시간을 잘 활용해서 자신을 돌아보고 돈 관리 방식과 마인드를 변화시켜 보자. 위기에도 통할 수 있는 새로운 '성공 공식'이 함께할 것이다. 자, 이제부터 당신의 앞날을 밝혀 줄 '잘 모이는 공식'을 배워 보자.

2017년 3월
김경필

'잘모공'이란?

'잘 모이는 공식'의 줄임말인 동시에

그것을 실천하는 사람들을 가리킨다.

오로지 돈이 늘어나는 수익률에만 집착하는

낡은 재테크 방식에서 벗어나 자신이

정한 시간까지 목표한 만큼 돈을 만들기 위해

노력하는 모든 사람을 지칭한다.

제1장 | 돈 모으기, 새로운 공식을 적용하라

제2장 | 잘 쓰는 것이 경쟁력, 소비 예산 공식 1

제3장 | 삶의 질을 높이는 소비 예산 공식 2

제4장 | **생각한 대로 잘 모이는 힘, 바인딩**

제5장 | 멀리 보는 저축과 투자, 밸런스와 타이밍

돈 모으기,
새로운 공식을
적용하라

내 돈을 계획한 대로
꽁꽁 잘 묶어 두는 기술

흔히 돈의 움직임을 흐르는 물에 비유해 현금 흐름Cash Flow라고 말한다. 계속 돌고 돈다고 해서 돈이라는 말처럼 돈은 어디인가로 흘러가는 특징이 있다. 가뭄으로 물이 귀할 때도 물이 풍부한 지역에 가보면 곳곳에 댐 같은 저수 시설이 잘 갖추어져 있다. 오래전에 내린 비가 바다로 흘러가지 않도록 잘 묶어놓는 것이다.

반면에 물을 잘 가두고 필요에 따라 묶어 놓지 못하면 '홍수에먹을 물이 없다'는 말처럼 많은 비가 내렸어도 비가 그치고 나면 변변히 쓸 물이 남아 있지 않다. 10년 넘게 일한 직장인들에게 그동안 받은 월급과 보너스를 모두 헤아려 보게 하면 대부분 깜짝 놀라곤 한다. 생각보다 많은 돈이 자신의 곁을 그냥 흘러가 버렸다는 생각에서다. 많은 사람이 원하듯 돈 걱정 없이사는 방법은 필요한 곳에 필요한 만큼 돈을 잘 묶어 두는 것이다. 많고 적음을 떠나 돈이란 언제나 우리 곁을 계속 흘러가기 때문이다.

당신은 돈을 잘 묶어 놓기 위해 어떤 댐이나 저수 시설을 가지고 있는가? 돈을 잘 모은 사람들은 원금에 비해 높은 수익을만들어 내는 게 아니라 원금이든 수익이든 돈을 계획한 곳에쓸 때까지 잘 묶어 둔다. 이번 장에서는 '잘모공'의 가장 기본개념이 되는 바인딩, 밸런싱, 타이밍에 관해 이야기할 것이다. 나의 생각에 공감한다면 당신은 잘모공이 되는 데 있어 절반을달성한 것이나 다름없다.

잘 모이는 공식의 3대 개념

- 바인딩Binding   돈을 계획대로 잘 묶어 두는 기술
- 밸런싱Balancing   돈을 목적대로 잘 나누는 기술
- 타이밍Timing   돈을 적절한 때 잘 활용하는 기술

01

이제는 수익률이 아니라
목표 달성률이다

1년 전 주식 투자로 대박 난 박유철(P산업, 미혼, 34세) 대리는 한턱 쏘라는 직장 동료들의 성화에 못 이겨 거창하게 저녁을 샀다. 지금 같은 초저금리에 5개월 만에 '따블'이라니! 박 대리의 성공 투자는 모두를 흥분시키기에 충분했다. "와, 수익률이 100퍼센트네! 예금보다 200배 넘는 수익률이야!" 부러움이 배어 있는 주위 사람들의 감탄사에 박 대리는 우쭐해진 기분이 들었다.

이쯤 되면 은행만 고집했던 사람들도 나름대로 분산(?) 투자를 고민하게 된다. 박 대리는 틈만 나면 주식 정보와 성공 비결을 물어 오는 동료들에게 투자 자문을 하느라 한동안 애를 먹었다. 이런 재테크 성공담은 주변에서 종종 들리는 이야기다. 그런데 특이한 점은 사람들이 오직 '수익률'에만 관심이 있다는 것이다. 이 이야기가 어떻게 끝이 났는지는 별 관심이 없다. 그러니까 박 대리가 주식을 팔아 실제로 현금을 얼마나 손에 쥐었는지, 그 돈이 어떤 형태로 남아 있는지 말이다. 사람들이 수익률 자체에만 집착하는 이유는 어쩌면 당연할지도 모른다. 우리의 머릿속에는 오래도록 '성공한 재테크는 곧 높은 수익률'이란 공식이 자리 잡고 있기 때문일 것이다.

고정관념 ▶ 높은 수익률 자체가 재테크의 성공이다.

그렇다면 모두의 머릿속에 이런 공식이 자리 잡게 된 이유는 무엇일까? 그것은 1980년대 이후 부동산과 주식으로 이어지는 '재테크 황금 시대'와 관련이 깊다. 1990년대만 하더라도 은행 금리는 10퍼센트대였다. 부동산이 몇 년 만에 두 배까지 뛰는 것도 예삿일이었다. 이런 상황에서 투자를 하느냐와 하지 않느냐 혹은 어디에 투자하느냐에 따라 그 결과는 하늘과 땅 차이였다. 수익률이 서로 간의 투자 성과를 비교할 수 있는 유일한 잣대일 수밖에 없었다.

자산이 빠르게 성장하면서 예금이든 부동산 또는 주식이든 정확한 성과를 알기 위해서는 특히 수익률이 중요했다. 수익률이 곧 성공이라는 고정관념은 고성장 시대의 결과물인 셈이다. 그렇다면 지금처럼 저성장과 초저금리 시대에도 수익률이 그토록 중요할까? 수익률 자체에만 관심을 두는 돈 관리 방법은 과연 적절할까?

결론적으로 그것은 철 지난 옷을 입고 있는 것처럼 시대에 어울리지 않는 잘못된 방법이다. 시대마다 다양한 방법이 있었겠지만 가장 보편적인 방법인 은행예금을 가지고 수익률을 비교해 보자. 지금으로부터 약한 세대 전인 1992년 시중 은행 평균 수신금리는 14퍼센트였다. 수익률의 변화가 실제 결과에 어느 정도 영향을 미치는지 당시와 지금의 정기예금을 통해 확인해 보자.

고성장 시대였던 25년 전에는 은행에 1,000만 원을 맡기면 불과 3년만에 수익률이 무려 51.8퍼센트, 원금의 절반이 넘는 돈이 이자로 불어

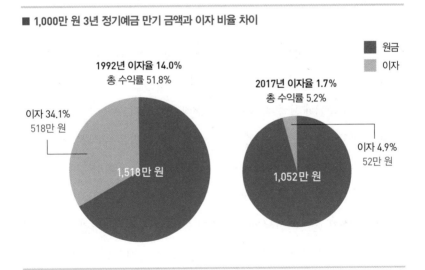

■ 1,000만 원 3년 정기예금 만기 금액과 이자 비율 차이

■ 원금
■ 이자

1992년 이자율 14.0%
총 수익률 51.8%

이자 34.1%
518만 원

1,518만 원

2017년 이자율 1.7%
총 수익률 5.2%

이자 4.9%
52만 원

1,052만 원

났다. 가장 안전하다는 은행금리가 14퍼센트라면 약간의 위험을 감수할 용기만 있다면 이보다 더 높은 수익률도 얼마든지 가능했을 것이다. 은행금리보다 1.5배만 더 높은 투자에 성공한다면 250만 원이 추가로 생겼다. 수익률의 차이에 따라 손에 잡히는 돈이 확확 달라졌다.

반면 저성장 시대인 지금은 어떠한가? 3년간 수익률이 고작 5.2퍼센트다. 만기 금액에서 이자가 차지하는 비율도 4.9퍼센트에 불과하다. 요행히 은행금리보다 1.5배 높은 투자에 성공한다고 해도 고작 25만 원 정도가 늘어날 뿐이다. 결론적으로 큰 차이가 없다. 이제 수익률의 차별화가 큰 영향을 미치지 않게 된 것이다.

정말 박 대리의 투자는 성공적이었을까

이제 1년 전 주식으로 5개월 만에 수익률 100퍼센트를 기록했던 박 대리의 성공담 결론을 알아보자. 1년 전 박 대리는 지인의 소개로 대박 수익률만을 족집게처럼 찍어 준다는 주식추천 사이트에 나름 거액(?)의 회비를 내고 회원으로 가입했다. 박 대리가 추천받은 주식은 전기자동차 관련 부품을 제조하는 N테크로 2015년 6월에 4,000만 원을 투자했는데 때마침 발표되는 사업 확장과 국내 완성차 업체와의 사업제휴 등 장밋빛 뉴스가 쏟아지면서 1만 원이 채 안 되었던 주가는 2만 원을 넘어섰고 6개월 후인 12월 말에는 주식 잔고가 8,000만 원을 넘어섰다. 수익률이 103퍼센트. 우리가 듣던 대로 대박 수익률의 성공한 투자가 분명했다. 직장 동료에게 거한 저녁을 산 때가 바로 이즈음이다.

그런데 여기서 한 가지 주목해야 할 것은 박 대리가 투자한 원금 4,000만 원이 무슨 돈이었을까 하는 것이다. 사실 박 대리는 올해 말 결혼을 앞두고 있다. 날로 치솟는 전셋값 걱정에 3년간 부었던 만기 적금을 탄 후 1년 정도 남은 결혼 시점까지 다시 예금하려던 당초 계획을 변경해 1년간 단기 투자를 해보기로 결심했던 것이다. 현재 서울에 전셋집 보증금인 1억 원은 부모님이 결혼 자금으로 주신 것이다. 박 대리는 결혼 자금으로 최소 2억 원을 예상했지만 많을수록 좋다는 막연한 생각을 하고 있었다.

박 대리의 결혼 자금에 대한 현황 (2015년 12월 결혼 D-10개월 전)

현재 전세보증금	1억 원
N테크 주식평가액	0.8억 원(수익률 103%)
은행예금	0.2억 원
전세자금 대출(회사 지원)	1억 원
합계 금액	3.0억 원(달성률 150%)

하지만 12월을 최고점으로 찍었던 주가는 이후 계속 하락하기 시작했다. 그동안 벌어 놓은 수익이 있으니 처음에는 애써 차분함을 유지했다. 하지만 주가는 두 달 넘게 하락세를 멈추지 않았다. 마음이 다급해진

박 대리는 주식의 절반을 매각했다. 이때만 해도 원금 대비 수익이 플러스였던 시점이었다. 주식의 상당 부분을 현금화하면 수익률이 50퍼센트 정도였으니 결코 나쁜 결과는 아니었다. 그런데 바로 이 시점에 박 대리는 새로운 종목을 추천받는다. 처음에는 결혼 시점도 가까워 오고 롤러코스터 같은 주가로 스트레스를 받아 남은 주식까지 처분해서 현금화할 생각이었다. 이때가 결혼을 7개월 정도 앞둔 시점이었다.

박 대리의 결혼 자금에 대한 현황 (2016년 3월 결혼 D-7개월 전)

현재 전세보증금	1억 원
N테크 주식평가액	0.58억 원(수익률 45%)
은행예금	0.2억 원
전세자금 대출(회사 지원)	1억 원
합계 금액	2.78억 원(달성률 139%)

그런데 박 대리는 자꾸만 수익률이 100퍼센트였던 시점이 떠올랐다. 본전 생각이 났다. 8,000만 원이 처음 원금이었다는 생각을 지울 수 없었다. 박 대리는 고민 끝에 다시 한 번 투자를 결심했다. 첫 번째 성공의 절반 정도만 되어도 수익률이 다시 100퍼센트 가까이 될 수 있다는 계산에 서였다. N테크 주식의 일부를 제외한 나머지 현금을 새로 추천 받은 P메디컬 주식에 투자했다. 하지만 안타깝게도 이번 투자는 첫 번째와는 정반대였다.

두 달 동안 주가는 30퍼센트 넘게 떨어졌고, 그 후 박 대리는 3월에 평가 금액인 5,800만 원의 원금을 회복하기 위해 노심초사하며 몇 개의 주식 종목을 사고팔기를 반복하며 두세 차례 종목을 갈아탔다. 박 대리는 결혼을 한 달 앞둔 9월이 되어서야 주식의 대부분을 현금화했다. 1년 반 동안 고군분투했던 박 대리의 투자 경험기는 일단 막을 내렸다. 박 대리는 여전히 예금금리보다는 높은 수익률이라고 말하곤 쓴웃음을 짓는다.

박 대리의 결혼 자금에 대한 현황 (2016년 9월 결혼 D-1개월 전)

현재 전세보증금	1억 원
N테크, P메디컬, O기업 주식	0.43억 원(수익률 8%)
은행예금	0.2억 원
전세자금 대출(회사 지원)	1억 원
합계 금액	**2.63억 원(달성률 131%)**

어쨌든 최종 수익률은 8퍼센트 남짓 된다. 투자 기간이 16개월 정도 되었으니 예금을 했다면 2.5퍼센트의 수익이 발생했을 텐데 초과 수익률이 5.5퍼센트 정도는 되는 셈이다. 그동안 들어갔던 주식추천 사이트 가입비와 주변 사람들에게 한턱 쏘느라 들어간 돈과 마음을 졸이며 애태웠던 정신적인 비용을 전혀 감안하지 않는다면 말이다.

이런 이야기를 들으면 누구나 자신의 일처럼 아쉬워한다. 이미 지나간 일이긴 하지만 왜 수익률이 100퍼센트일 때 팔지 않았을까 하는 미련이 남기 때문이다. 만일 박 대리에게 수익률보다 결혼이라는 목표와 자신이 생각하는 2억 원에 대한 달성이 중요했다면 어땠을까?

첫째는 목표보다 훨씬 높은 금액이었던 10개월 전에 결혼 자금 달성률이 이미 120퍼센트였다는 점에 주목했다면 주식의 일부라도 매도할 기회가 있었을 것이다. 두 번째로 2016년 9월에도 주가가 하락세로 접어들어 혼란스러웠는데, 그렇다 하더라도 결혼 자금 달성률이 105퍼센트였다는 점에 더 관심을 가졌다면 45퍼센트라는 훌륭한 수익을 손에 쥘 수도 있었을 것이다. 무엇보다 가장 중요한 것은 이 돈이 결국 어디로 갈 것인가 하는 목표 의식과 달성률에 관심이 있었다면 2억 원의 목표를 위해 1년 남짓 남은 기간에 무리한 투자를 하지 않았을 것이다.

이제부터는 달성률이 기준이다

이렇게 수익률 자체에 매몰되어 버리는 습관은 자신도 모르게 합리적인 판단을 하지 못하게 하는 성향이 있다. 이는 수많은 사례에서도 반복되며 지금과 같은 저성장 시대에는 재테크의 성공을 방해할 수도 있다는 사실을 반드시 기억해야 한다. 돈을 잘 모으는 사람은 수익률보다 자신이 생각하는 목표에 대한 달성률을 기본으로 돈 관리를 한다는 것을 명심하자.

지금 당장 자신에게 질문해 보자. 현재 당신의 저축이나 투자가 목표 금액의 몇 퍼센트 달성률을 보이고 있는가? 많은 사람이 이 질문에 즉각 대답하지 못한다. 이런 질문을 받았을 때 언제까지, 얼마를 목표로 하고 있는지 쉽사리 머릿속에 떠오르지 않는가? 만약 매월 내는 돈과 이자율, 수익률만 머릿속에 떠오른다면 당신은 목표 달성률보다는 단순 수익률에만 신경 쓰고 있는지도 모른다.

잘 모이는 공식 1 달성률 우선의 공식

재테크 성공은 수익률이 아니라 목적 자금 대비 달성률이다!

$$수익률(\%) = \frac{이자(수익)}{원금} \times 100 \Rightarrow 달성률(\%) = \frac{원금 + 이자(수익)}{목표\ 금액} \times 100$$

등산을 할 때 높고 험준한 산뿐 아니라 낮고 완만한 산일지라도 중간 중간 이정표를 봐야만 정상까지 사고 없이 무사히 오를 수 있다. 현재 어느 정도 올라왔으며 또 정상까지 얼마큼 남았는지 확인하는 것은 정말 중요하다. 달성률을 점검하는 이유는 무작정 산을 오르는 게 아니라 지치지 않고 정상까지 수월하게 올라갈 수 있도록 멘탈을 지탱하는 중요한 요소가 되기 때문이다.

재정 관리는 단지 몇 년만 열심히 한다고 끝나는 것이 아니라 죽을 때까지 평생 동안 해야 하는 장거리 마라톤이다. 우리가 앞으로 살아가야 하는 인생은 경제력이 필요하기 때문이다. 재정의 이정표 역할을 하는 것이 바로 달성률이다. 혹시 당신은 어떠한 목적도 없이 무조건 저축만 하고 있지는 않은가? 또 목표 금액의 달성률이 아닌 단순 수익률이나 이자율에만 관심을 갖고 있는 것은 아닌가? 다음의 표를 보면서 당신의 저축 패턴을 확인해 보자.

● 작성 예시

저축명	자금 속성	목적 자금액	목적 시기	달성률	월 납입	예상 달성 시기
S은행 정기적금	결혼 자금	2,000만 원	2018년 7월	67%	월 42만 원	2018년 7월
K배당 주식형 펀드	차량교체 자금	1,600만 원	2018년 1월	74%	월 30만 원	2018년 2~3월

작성 예시를 보면 알겠지만 사람들이 놓치는 요소가 하나 추가되었다. 바로 달성률이다. 목표 대비 몇 퍼센트를 달성했는지 체크한다면 단순히 수익률에만 함몰되어 무작정 투자하는 위험에서 벗어날 수 있다. 지금 바로 자신의 재테크를 달성률 기준으로 다시 점검해 보자.

셀프 체크업 ① 나의 저축과 투자, 목표 대비 몇 퍼센트나 달성했을까?

저축	자금 속성	목적 자금	목적 시기	현재 달성률
①				
②				
③				
④				
⑤				

투자	자금 속성	목적 자금	목적 시기	현재 달성률
①				
②				
③				
④				
⑤				

02

잘모공은 왜
목표 수익률이 낮을까?

잘 알려진 물리학 법칙인 아인슈타인의 '상대성relativity 이론'은 복잡하지만, 이론의 모티브가 되는 생각은 매우 단순하다. 모든 사물의 속도는 상대적이라는 것이다. 정지해 있는 상태에서 100킬로미터로 달리는 기차를 본다면 그냥 100킬로미터지만 100킬로미터로 함께 달리는 차를 타고 가면서 본다면 그 기차는 정지해 있는 것처럼 보인다. 상대적 속도가 0이기 때문이다. 사물의 속도는 무엇을 기준으로 하느냐에 따라 달라진다. 사실 상대성이 물리학에만 적용되는 것은 아니다.

우리는 거의 모든 부분에서 무언가와 끊임없이 비교하고 비교당하는 상대성 이론 안에 살고 있다. 시험에서 100섬을 맞은 초등학생은 누구나 학교가 끝나기 무섭게 쏜살같이 집으로 달려가 엄마에게 자랑을 한다. 하지만 100점 시험지를 받아 든 엄마는 반드시 이렇게 묻는다.

"너희 반에서 몇 명이나 100점을 맞았니?"

엄마는 100점의 절대적 가치보다는 상대적 가치에 더 관심이 있기 때문이다. 상대성이란 당연히 돈에도 적용된다. 언제부터인가 심심치 않게 듣는 말이 있는데, '마이너스 금리'다. 말 그대로 돈을 맡기면 오히려 손해가 난다는 의미인데, 실제로 금융위기 이후 유럽의 일부 국가와 일본에서 경기를 살리기 위해 시작되었다. 하지만 중앙은행과 시중 은행 간의 거래에만 적용되기 때문에 엄밀히 말해 진짜 마이너스 금리는 아닌 셈이다.

실패한 투자의 원인은 상대적 비교 때문

그럼에도 불구하고 마이너스 금리가 자주 언급되는 이유는 무엇일까? 아마도 어떤 비교 대상과의 상대적인 금리가 마이너스라는 의미일 것이다. 예컨대 내 통장에 들어 있는 1,000만 원은 연간 1.5퍼센트의 이자를 받는데, 같은 기간 인플레이션이 2퍼센트라면 이자로 1만 5,000원을 받더라도 화폐 가치는 2만 원이 줄었으니 실제로는 5,000원이 마이너스라는 얘기가 된다. 또 우리 아파트는 2,000만 원이 올랐는데 친구 아파트가 5,000만 원 올랐다면 상대적으로 마이너스 수익률이라는 생각이

들 수도 있다.

이렇게 상대적 비교에 민감하다 보면 지나치게 욕심을 부리게 되는데, 그 욕심이 언제나 실패한 투자의 화근이 된다는 점을 꼭 기억하자. 그런데 남들보다 돈을 잘 모으는 사람들은 자신이 세운 계획과 비교하는 것에 더 큰 관심을 갖고 있다. 비교의 대상이 되는 기준이 다른 사람이나 외부에 있는 것이 아니라 자신의 목표이기 때문이다.

즉 내가 정한 목표와 수익률이 제대로 달성되고 있는지 게임처럼 집중하고 즐기는 것이다. 자신이 목표로 하는 수익률을 흔히 목표 수익률이라고 하는데, 이는 정해진 기간 내에 목적 자금을 달성하는 데 필요한 수익률을 가리킨다. 목표 달성에 요구되는 일종의 요구 수익률인 셈이다. 목표 수익률이 높은 사람도 있고 낮은 사람도 있다. 자신의 목표를 달성하는 데 있어 수익률을 높게 요구하는 사람도 있고 낮게 요구하는 사람도 있다는 말이다.

여기 3년 후에 3,000만 원을 만들려는 두 사람이 있다. 박 대리의 목표 수익률은 2퍼센트이고 이 대리의 목표 수익률은 10퍼센트라고 가정해 보자. 박 대리는 목표 수익률이 낮기 때문에 투자 원금을 높게 생각하고 있다. 2,850만 원의 원금으로 3년 후에 3,000만 원을 만들려면 어떤 투자를 하든 최소 2퍼센트 정도면 된다. 따라서 특별히 공격적인 운용을 할 필요가 없다.

박 대리는 자신이 계획한 목표 수익률을 달성할 가능성이 높다. 박 대리가 운 좋게 더 높은 수익률을 달성한다면 만족도는 그만큼 더 커질 것이다. 반면 이 대리는 2,340만 원의 원금으로 3년 후에 3,000만 원을 만들려고 한다. 박 대리보다 훨씬 적은 금액을 투자해서 똑같이 3,000만 원을 만들려면 이 대리의 요구 수익률은 최소 10퍼센트 이상이다. 이 대리는 아무래도 마음이 급해질 수밖에 없다. 이 두 사람이 당초 생각한 목표 수익률은 왜 이렇게 차이가 나는 것일까? 한 가지 사례를 통해 그 이유를 더 파고들어 보자.

필자는 몇 해 전 친한 고객의 추천으로 투자 문의에 관한 전화 한 통을 받았다. 전화를 건 사람은 40대 후반의 남성으로 몇 년 전 회사를 퇴직해서 아파트담보 대출과 퇴직금으로 프랜차이즈 사업에 뛰어들었다가 크게 실패해서 금전적으로 상당한 위기에 처했다고 했다. 그런데 그는 뜻밖에도 주식과 관련한 투자를 묻는 것이었다.

집이 당장 경매 위기에 몰려 있는 급박한 상황인데도 주식투자라니? 그는 얼마 전 사업을 정리하고 남은 일부 자금으로 유력한 대선 후보와 관련 있는 G컴퍼니라는 주식을 샀는데 크게 올라 두 달 만에 1,000만 원이 넘는 수익을 냈다고 한다. 그야말로 가뭄에 단비라고나 할까.

그런데 이 주식이 팔고 나서도 기세가 꺾이지 않고 계속 오르다 보니 지금이라도 또다시 사야 하는 게 아닐까 하는 난감한 고민에 빠진 것이다. 필자는 더 이상 투자하지 않는 것이 좋겠다고 조언했지만, 주변 사람들이 그를 부추겼다. 그는 또다시 그 주식을 사들였다.

물론 그의 속사정을 듣고 보니 그런 갈등이 이해되기도 했다. 더 이상 대출을 받기도 어려운 상황에서 지푸라기라도 잡는 심정으로 투자했기

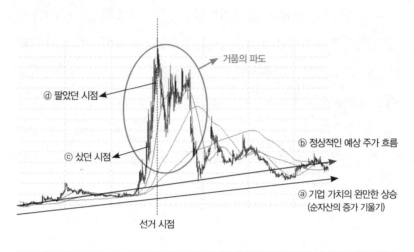

■ G컴퍼니의 주식 차트

거품의 파도

ⓓ 팔았던 시점

ⓒ 샀던 시점

ⓑ 정상적인 예상 주가 흐름

ⓐ 기업 가치의 완만한 상승
(순자산의 증가 기울기)

선거 시점

때문이다. 당장 몇 달 안에 돈을 마련하지 못하면 살고 있는 집에서조차 쫓겨나야 하는 상황이다 보니 욕심이 고개를 드는 것이다. 이렇게 급박한 상황이라면 누구나 투자에 대한 요구 수익률이 높아질 대로 높아질 수밖에 없다.

주식 시장에서는 가끔 특별한 이유 없이 주가가 폭등하는 경우가 있는데, 이런 현상은 사람들의 과도한 관심이 집중되기 때문이다. 실제 기업의 수익이 늘어났거나 특별한 변화가 없는데도 많은 사람의 관심이 집중되면 경쟁적으로 주가가 과열되며 올라가는 것이다. 필자는 당시 의뢰인이 투자했던 기업의 주식 차트를 들여다보았다.

그 기업의 실적이 좋아지고 기업 가치(ⓐ)가 올라간다면 정상 주가

(ⓑ)도 그에 따라 비슷한 기울기로 올라갈 것이다. 하지만 이 경우는 단지 사람들의 관심이 경쟁적으로 만들어 낸 거품으로, 거품의 파도가 치는 상황에서 운 좋게 올라가는 파도를 탔던 것으로 봐야 한다(ⓒ에서 사서 ⓓ에서 판 경우). 하지만 거품으로 올라간 파도는 반드시 제자리로 내려오기 마련이다.

선거가 끝나자마자 올라가는 파도가 멈추고 뒤편엔 가파르게 내려가는 파도가 기다리고 있었다. 기업의 가치 상승으로 올라간 주가가 아니니 거품이 꺼지는 것은 당연하다. 하지만 마음이 급한 투자자에게 이런 상식적인 조언이나 합리적인 생각이 먹힐 리 만무하다. 그전에 경험한 높은 수익률은 다시 한 번 더 높은 수익률을 요구하게 된다.

시장 수익률과 목표 수익률의 관계

지금까지 말한 목표 수익률(=요구 수익률)이란 사실 시장 수익률에 영향을 받는다. 즉 사람들은 같은 시기에 비슷한 투자를 할 때 자신도 모르게 지금의 시장 수익률을 자신의 목표 수익률로 삼는다는 뜻이다. 오랜

미리 계획한다면 목표 수익률이 높지 않다

계획이 있다면 목표 수익률은 시장 수익률과 비슷하다. → OK
계획이 없다면 목표 수익률은 시장 수익률보다 훨씬 높아진다. → NG

기간 어떤 위기에도 흔들림 없이 목적한 대로 돈을 착착 잘 모아 온 사람은 시장에서 기대할 수 있는 수익률보다 더 높은 목표 수익률을 갖지 않는다. 그 이유는 미리 계획한 목표 때문에 무리해서 필요 이상으로 수익률을 요구하지 않기 때문이다.

반면 돈이 생각처럼 잘 모이지 않는다고 말하는 사람은 시장 수익률과 관계없이 높은 목표 수익률을 갖는 경우가 많다. 바로 조바심 때문이다. 조바심은 실패를 만나면 금방 포기하고, 성공을 만나면 더 큰 무모함으로 돌변하기 일쑤다.

필요 이상으로 목표 수익률이 높아지는 경우
1. 돈 모으기에 있어 필요 자금 플랜이 없는 경우
2. 같은 투자 방식에 있어 과거에 높은 수익률을 경험한 경우
3. 조급한 돈short working money으로 투자한 경우(↔ 여유 자금surplus money)

다른 사람의 투자에 대한 상대적인 수익률에 민감한 사람은 더 높은 수익을 위해 위험 자산에 더 과감하게 투자해야만 한다. 하지만 평생 돈을 모으는 과정에서 판단해야 하는 많은 상황마다 항상 타인과의 상대적 수익률을 의식해 공격적인 투자만 할 수도 없는 노릇이다. 또한 그런 투자가 항상 성공할 수도 없다. 때문에 공격적인 투자로 상대적 수익률을 높이려는 방법은 돈을 잘 모으는 사람들의 공식과는 거리가 멀다. 더욱이 지금처럼 저금리에 투자 방법이 제한적인 시대에는 더더욱 그렇다.

저금리 시대를 이기는 투자 방법

이는 투자의 세계에도 그대로 적용된다. 투자에 성공한 많은 사람이 무조건 공격적이고 무모하게 투자해서 성공하는 것은 절대 아니다. 오히려 상대적인 수익률보다 자신이 설정한 절대적인 목표를 추구한 경우가 많다. 주식투자의 세계에서 유명한 두 가지 격언을 소개하겠다.

"주식투자에서 가장 큰 손해는 훌륭한 주식을 너무 일찍 파는 것에서 비롯된다."

"지하철과 주식은 뒤쫓아 가려고 애쓸 대상이 못 된다. 조금만 인내심을 가지고 기다리면 기회는 반드시 다시 온다."

성공하는 투자의 핵심은 어쩌면 느긋한 여유일 수 있고, 그 여유는 의외로 높지 않은 기대 수익률에 있다. 이처럼 변화가 심한 주식 시장에서는 돈을 버는 자금이 따로 있다는 말이 있다. 이는 느긋한 마음으로 주식 시장에 들어온 여유 자금을 말한다. 이런 경우 목표 수익률이 낮은 상태에서 투자에 임한다. 큰돈을 못 벌어도 그만이다 하는 여유 있는 자세가 좋은 결과로 이어지는 경우가 많다. 반대로 조급한 마음으로 주식 시장에 뛰어든 경우는 조금만 변동이 있어도 불안감과 공포를 이기지 못하고 좋은 주식을 너무 빨리 팔아 손실을 보거나 필요 이상으로 욕심을 부리다 낭패를 보기도 한다.

목표 수익률을 낮게 유지하고 내가 돈을 모으는 목적을 미리 계획한다면 조바심을 내거나 위급한 상황을 만들지 않게 된다. 투자에 있어 조급해하지 않고 여유를 갖고 욕심을 내지 않는 것이 장기적으로 더 높은 수익을 낼 수 있는 지름길임을 잊지 말자.

잘 모이는 공식 2 요구 수익률의 공식

1. 요구 수익률이 낮을수록 오히려 돈이 잘 모인다.
   → 돈 모으기에 있어 미리 계획된 필요 자금 플랜이 있기 때문이다.
2. 여유 자금은 요구 수익률이 낮고, 조급한 돈은 요구 수익률이 높다

03 절약 재테크의 함정에 빠지지 마라, 미래 경쟁력 자본 만들기

전산 프로그램을 개발하는 회사에 함께 근무하는 결혼 2년 차 맞벌이 부부 김기환(34세) 씨와 김정혜(34세) 씨가 상담을 위해 필자를 찾아왔다. 아내는 화장기 하나 없는 맨얼굴로 두 사람 모두 수더분한 옷차림과 실제보다 훨씬 나이 들어 보이는 이미지 때문에 요즘 젊은 커플과는 사뭇 다르다는 느낌이 들었다. 보통 사람들은 어떤 저축이나 투자를 해야 하는지 궁금해하는데 이들은 특이하게도 자신들이 지금보다 더 많이 저축을 해야 하는지 물었다. 질문을 들으니 이미 저축을 많이 하고 있는 듯했다.

월 소득이 부부 합산 총 500만 원인데 고정 생활비는 공과금과 관리비, 부식비까지 합쳐도 50만 원 내외였다. 각자 용돈과 문화생활비 등의 지출을 모두 포함해도 생활비는 월 100만 원이 조금 넘는 수준이었다. 남는 돈 400만 원을 거의 적금을 붓고 있었다. 이 정도면 정말 보기 드문 저축왕이다. 서울 같은 대도시에서, 그것도 직장 생활을 하려면 굉장히 빠듯할 거라는 짐작이 들었다.

물론 이런 소비 수준이 자연스럽게 이루어질 가능성은 전혀 없다. 예상대로 아내가 모든 경제권을 틀어쥐고 강력한 절약과 저축의 드라이브를 걸고 있었다. 아내는 소비를 좀 더 줄여야 하는 건 아닌지, 자신들이 과소비를 하는 것은 아닌지 물었다. 순간 남편의 표정이 일그러졌다. 필자는 정색을 하며 "과소비요? 절대 아닙니다. 오히려 너무 소비가 적은 것이 문제입니다!" 하고 대답했다.

너무 적은 소비는 재테크의 적이다

필자도 지금까지 책이나 강연 등을 통해 결혼 후 10년이 '저축 황금기'라고 강조해 왔고, 되도록 저축을 많이 하도록 권유하지만 참으로 강적을 만난 셈이다. 수많은 재테크 책이 그토록 절약과 저축을 강조하는데 '너무 적은 소비가 문제'라는 말에 부부는 적잖이 당황했을 법하다. 이들 부부가 지나치다 싶을 정도로 절약하며 저축에 매달리는 이유는 무엇일까?

현재 살고 있는 강북의 20평 아파트 전세금은 대출 없이 2억 7,000만 원이다. 부부는 전세로 살고 있는 집을 구입하는 것이 목표였다. 언뜻 계산해 보면 현재 예·적금에 들어 있는 5,000만 원이면 당장이라도 가능했다. 목표하는 주택 계획도 그다지 높은 수준이 아니었다.

그렇다고 다른 목표가 특별히 높은 것도 아니었다. 자녀나 노후 준비 등도 아예 계획이 없는 상태였다. 이들의 악착같은 절약 재테크는 높고 명확한 목표가 있어서가 아니라 단순히 미래에 대한 불안감에서 비롯된 것이었다. 언제까지 돈을 벌 수 있을까 하는 불안감 말이다. 물론 고용 안정이 크게 흔들리는 현실에서 이런 불안감은 누구나 가지고 있다. 하지만 남편의 한 달 용돈이 교통비를 포함해 25만 원 정도라면 정상적인 사회생활이 가능할까 하는 의문마저 들었다.

단지 불안감 때문에 모든 생활에서 무작정 절약에만 매달리는 것이 과연 적절할까? 어쩌면 부부는 상담을 통해 자신들의 소비나 저축에 대해 칭찬을 듣고 싶었는지도 모른다. 나아가 더 열심히 저축하라는 독려를 받고 싶었는지도 모르겠다. 물론 근검절약과 열심히 저축하는 것은 당연히 칭찬받을 일이다. 과거 부모님 세대에 비해 요즘 젊은이들은 현재의 삶을 위해 지갑을 여는 데 지나칠 정도로 과감하기 때문이다.

하지만 오랜 경기침체와 마이너스 금리 등 재테크에 위기가 찾아오면서 이들 부부처럼 절약 재테크와 저축에만 매달리는 경우도 늘어나고 있다. 이런 생각은 부모님 세대로부터 물려받은 학습 효과 때문일 수도 있다. 1988~90년대 고수익이 가능했던 고성장의 시대에는 하루라도 더 빨리 목돈을 모으는 일이 중요했다. 주목받는 투자 대상인 부동산에 투자하기 위해서는 목돈이 필요했다. 장사를 하거나 새로운 사업에 뛰어들기 위해서도 마찬가지였다.

그래서 부자가 된 사람은 모두가 저축왕이다. 6·25전쟁 당시 폐허의 잿더미 속에서 고철을 주워 모아 큰 기업을 일궜다는 전설 같은 이야기도 있을 만큼 부자들의 성공 신화에는 하나같이 근검한 생활로 이룬 저축 이야기가 등장한다. 모든 부분에서 공급이 부족했던 시절, 안 쓰고 아끼는 것은 매우 중요했다. 근검절약이야말로 미래에 더 잘살기 위한 최고의 덕목이었다.

과거의 공식 ▶ 부자가 되기 위해서는 오로지 근검절약과 저축만이 정답이다!

하지만 많은 경험을 통해 자기계발과 성장을 이룰 수 있음에도 불구하고 현재 생활의 많은 부분을 희생하면서 지나치게 절약과 저축에만 매달리는 것은 옳지 않다. 결론적으로 그것은 철 지난 옷을 입고 있는 것처럼 어울리지 않는 잘못된 방법이다. 여기에 결정적으로 이 젊은 부부의 미래에 발목을 잡을 수 있는 함정이 숨어 있기 때문이다. 상담을 통해 파악한 부부의 현금 흐름과 재무 목표는 다음과 같다.

김기환 · 김정혜 부부의 월 현금 흐름(월 소득 510만 원)

고정 생활비(관리비, 공과금, 의식주)	50만 원	⎤
변동 생활비(외식, 여가생활비 등)	10만 원	소비 110만 원
남편, 아내 용돈	50만 원	⎦
보장성 보험료	10만 원	⎤
정기적금	375만 원	저축 400만 원
형제 계(부모님 칠순 준비)	15만 원	⎦
합계 금액	**510만 원**	

부부의 재무 목표

① 주택 자금 – 강북 24평 아파트(3억 3,000만 원 이미 달성)

② 자녀 계획 – 2년 후 1명(구체적인 계획 없음)

③ 노후 계획 – 구체적인 계획 없음

④ 창업 계획 – 구체적인 계획 없음

지나친 절약이 갖는 세 가지 문제점

그들 부부의 월 현금 흐름을 보면 지나친 절약이 오히려 미래의 함정이 될 수도 있는 문제점을 세 가지 정도 안고 있었다. 가장 먼저 현재 최소한의 행복을 추구하지 못하고 있다는 것이다. 부부의 한 달 용돈은 둘을 합해도 50만 원이다. 이 정도라면 사회생활을 하는 두 사람의 인간관계와 활동에 제약이 있는 것은 물론이고 기본적인 생활에서도 많은 것을 포기하고 소비를 억제하고 있다는 말이다.

둘째는 저축에도 전략이 필요한데 근검절약의 동기가 되는 계획과 목표가 구체적이지 않거나 아예 없다는 것이다. 이렇게 되면 돈을 열심히 모은 것 같지만 시간이 지남에 따라 생각지도 않은 지출로 흘러가는 경우가 많아진다. 모래를 손으로 한 움큼 쥐었을 때 손가락 사이로 빠져나가듯 안 입고 안 쓰고 열심히 돈을 모았는데 이상하게 남는 돈이 별로 없다는 것이다.

셋째는 자신의 일과 관련하거나 좋아하는 분야에 대한 자기계발 혹은 경험을 쌓기 위한 투자가 전혀 없다는 것이다. 물론 돈을 들여 학원을 다니거나 특정한 경험을 쌓아야만 되는 것은 아니다.

그렇다고 해도 30대 초반의 직장인 가장의 개인 용돈이 20만 원 정도라면 취미나 학습은 물론이고 기본적인 인간관계에도 어려움이 있을 수 있다는 추측이 가능하다. 요즘 직장인들은 바쁜 직장 생활에도 불구하고 경쟁력을 키우기 위해 여가 시간을 활용해 무언가를 배우는 일명 샐러던트(샐러리salary와 스튜던트student의 합성어)들이 많다.

이런 현실에 비추어 볼 때 이들 부부는 저축 외에는 미래를 준비하는 데 있어 균형을 상실했다고 판단된다. 한마디로 '미래 경쟁력 자본'에 대한 투자가 전혀 없는 것이다. 필자가 미래 경쟁력 자본이라고 하면 사람들은 대개 토익 점수를 높이기 위해 학원을 다니거나 특정한 자격증을 따기 위한 공부를 떠올린다. 그러고 나서 한숨부터 내쉰다. 치열한 무한 경쟁만이 연상되기 때문이다.

경험 계좌를 채워라

달라진 라이프 사이클에서 미래의 경쟁력을 위한 준비는 단순히 자격증을 따거나 학원을 다니는 것을 의미하지 않는다. 평소에는 접하지 못했던 것을 경험하는 모든 것, 즉 어느 정도는 여행이나 취미도 포함될 수 있다.

다양한 분야에서의 간접적인 경험은 자신의 잠재력을 키우는 데 도움이 된다. 이런 경험이 제2직업이 되기도 하고, 창업의 모티브가 되기도 한다. 현재 경제활동을 하고 있다면 과거와 다른 새로운 라이프 사이클에 대비해야 할 것이다. 근검절약만을 내세우는 대응 방식은 남들보다 1,000만~2,000만 원은 빨리 모을 수 있을지 몰라도 경험 계좌에 한 푼도 없는 진짜 가난뱅이가 될 수도 있다.

고대 스토아 철학의 대가 세네카는 이런 말을 했다. "살고 있는 한, 어떻게 살아야 할지 계속해서 배우라." 이 말은 지금 이 시대의 재테크에서도 유효하게 적용된다. 미래를 위해 저축하는 것처럼 미래 경쟁력 자본을 만들어 가는 것도 매우 중요하다.

미래 경쟁력 자본KEN이란 지식Knowledge과 경험Experience, 인적 네트워크Network를 만드는 것을 말한다. 왜 이렇게 앞으로는 미래 경쟁력 자본이 중요한 것일까? 옛날에는 돈을 버는 시기와 퇴직 후 노후 생활을 하는 시기의 경계가 비교적 뚜렷했다. 공무원이 아니더라도 한 직장에서 정년까지 일하는 경우가 많았다. 과거 자산 가격이 빠르게 올라갔던 시기에는

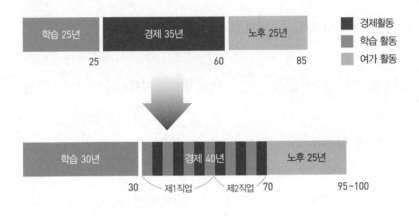

■ 변화하는 라이프 사이클

학습 25년　경제 35년　노후 25년

경제활동
학습 활동
여가 활동

25　60　85

학습 30년　경제 40년　노후 25년

30　제1직업　제2직업　70　95~100

노동 소득 외에 자본 소득으로도 노후 생활을 충분히 보낼 수 있는 여건이 가능했다. 하지만 이제는 완전히 달라졌다.

성장하지 않는 자산 가격은 대부분의 은퇴자가 더 이상 일하지 않고 자본 소득만으로는 도저히 생활할 수 없는 환경이 되고 말았다. 이제는 과거보다 훨씬 더 오랜 기간 동안 경제활동을 해야 한다. 현재 우리 세대는 끊임없이 학습하고 새로운 경험을 통한 미래 경쟁력 자본을 구축해야 한다. 만약 그렇게 하지 않는다면 자신의 경쟁력을 높여 일할 수 있는 환경을 만들거나 창업 등은 아예 포기해야 할 것이다.

근검절약과 강한 저축 드라이브에 매달리게 되면 자칫 미래 경쟁력 자본을 쌓지 못하는 함정에 빠질 수도 있다. 앞으로 완전히 달라지는 라이프 사이클에서는 균형 있는 소비와 전략적인 저축으로 미래 경쟁력 자본을 함께 만들어 가는 밸런싱이 정말 중요하다.

잘 모이는 공식 3 **미래 경쟁력 자본의 공식**

1. 지식Knowledge — 새로운 지식을 습득한다.
2. 경험Experience — 새로운 경험을 쌓는다.
3. 인적 네트워크Network — 새로운 인간관계를 형성한다.

※미래 경쟁력 자본은 소비 예산 편에서 자세히 다룰 것이니 참고 바란다.

제2직업을 준비하는 사람들

인생을 남들보다 멀리 내다보고 먼저 준비하는 사람들이 있다. 흔히 일찍 일어나는 새가 먹을 것이 많다고 말한다. 장선영(32세) 씨도 남보다 일찍 일어나는 새와 같은 사람이다. 지난 7년간 식품 유통회사에 근무한 그녀는 한 달 후면 2년의 노력 끝에 사회복지사 2급 자격증을 취득하게 된다. 바쁜 직장 생활을 하면서 틈틈이 준비한 거라 더욱 뜻깊고 자신이 대견할 만큼 뿌듯하다.

그녀는 주말마다 학점은행제 교육기관에서 공부해 왔으며 지난 몇 달간은 사회복지기관 현장실습 120시간을 이수하느라 주말을 반납한 채 실습기관에서 보내야 했다. 현재 그녀가 다니는 직장은 급여는 많지 않지만 비교적 안정적인 분위기라 나름 만족하며 근무해 왔다. 하지만 '평생 직업'은 있어도 '평생 직장'은 없다는 말처럼 미래를 위해 직장인이 아닌 직업인이 되어야겠다는 생각을 하게 되었다. 뭔가 새로운 것을 배워 평생 자신만의 직업을 가질 수 있도록 도전해야겠다고 생각했다.

평생 직업은 가장 먼저 자신이 좋아하며 즐겁게 일할 수 있어야 한다. 그녀는 학창 시절 장래 희망란에 기재했던 사회복지사를 떠올렸다. 그리고 조금이라도 더 젊을 때 미래를 준비하고 싶었다. 현재 다니는 직장을 그만두는 모험을 하지 않으면서 자격증을 따두면 평생 직업을 준비하는 밑거름이 될 수 있을 거라 생각했다. 그녀는 지금 당장 이직을 염두에 둔 건 아니지만 사회복지사 자격증은 미래 경쟁력 자본의 기틀을 마련하는 것으로 그만큼 자신감이 올라가는 것만은 분명했다.

우리는 누구나 미래를 불안해하면서도 적극적으로 무얼 어떻게 하겠다는 구체적인 계획도 없으며 어떠한 준비도 하지 않는다. 하지만 더 이상 늦추지 말고 지금 당장 매일 저녁 한 시간, 주말을 미래를 위해 할애하면 어떨까? 어쩌면 이번 달 생활비에서 10만 원을 아끼기 위해 머리를 짜내며 절약하는 것보다 훨씬 더 현명할 수 있다. 셀프 체크업을 통해 자신만의 미래 경쟁력 자본을 준비하고 안정적인 내일을 설계해 보자.

현재 하고 있거나 앞으로 계획하는 활동을 적어 보자. 당신은 미래 경쟁력 자본으로 어떤 준비를 하고 있는가?

1. 지식Knowledge – 정기적으로 학습하고 있는 내용

구분	내용	월 비용	월 소요 시간	목적

2. 경험Experience – 정기적으로 체험이나 경험을 하고 있는 내용

구분	내용	월 비용	월 소요 시간	목적

3. 인적 네트워크Network – 정기적으로 활동 중인 공동체 내용

구분	내용	월 비용	월 소요 시간	목적

04

한때 몇 년 안에 '1억 모으기' 혹은 '3억 모으기' 식의 재테크가 유행한 적이 있다. 이는 매달 일정 금액의 돈을 모으는 것이 초점이 아니라 만기에 타는 자금에 맞추어 저축하는 사람의 목적의식을 높이고 동기부여를 강하게 하는 효과가 있다. 목돈을 모아 본 사람은 잘 알겠지만 일반 직장인이 저축으로 큰돈을 만들기란 정말 어렵다. 특히 5,000만 원이나 1억의 벽을 넘어서기란 결코 쉽지 않다. 이런 어려움을 뚫고 목돈을 손에 쥐기 위해 상징적인 금액이 목표가 되는 것이다.

옛날에는 큰 금액의 목돈을 벌 수 있는 기회가 훨씬 많았다. 특정 금액을 목표로 삼는 돈 모으기는 가장 오래된 방법이자 지금도 많이 시도

되는 재테크에서는 교과서와도 같은 기본이다. 과거 고성장과 고금리 시대에는 어디에 투자할 것인지를 굳이 고민하지 않아도 되었다. 은행 금리가 10퍼센트를 넘었으니, 다른 투자는 두말이 필요 없을 만큼 고수익률이 가능했다.

저축이냐 주식투자냐에 상관없이 목돈을 모으는 것이 중요했기 때문에 목돈은 그 자체로 목표이자 최종 목적이 되었다. 목돈의 금액이 클수록 확실한 규모의 경제Economy of scale(자본이나 노동과 같은 생산 요소의 투입이 대량으로 증가할 때 생산 비용의 절감으로 수익성이 극대화되는 현상을 말한다.)가 나타났다. 실제로 1980년대 공직에서 정년을 마친 사람은 대부분 퇴직금을 연금이 아닌 일시금으로 수령했다. 그만큼 큰돈이 각광 받던 시대였기 때문이다.

과거의 공식 ▶ 무조건 더 큰 금액의 목돈을 만드는 것이 정답이다.

돈을 쪼개고 나누기보다 어떻게든지 한곳으로 모아 규모를 키워야 했다. 마치 다양한 용도로 써야 하는 물을 하나의 커다란 물탱크에 보관했다 필요할 때마다 그때그때 꺼내 쓰는 방식과 같다.

사실 물은 그다지 큰 제한을 받지 않는 자원이고 부족하면 물탱크에 다시 채우면 그만이다. 하지만 이것이 돈이라면 어떨까? 나의 돈을 하나의 머니탱크에 담아 두고 여러 곳에 써야 할 돈을 함께 관리한다면 생각처럼 균형 있게 준비하기 어렵다. 또 균형 있게 사용되기는 더더욱 어려울 것이다.

그럼에도 불구하고 아직도 하나의 머니탱크로 돈을 관리하는 경우가 많다. 돈의 쓰임새를 확정하기 이전에 일단 목돈부터 만들고 보자는 식의 돈 모으기가 여전하다. 3,000만 원 혹은 5,000만 원 모으기는 단골 레퍼토리다. 하지만 지금처럼 소득이 늘어나기 힘들고 저금리에 투자 수단도 마땅치 않은 상황에서 목적이 불분명한 목돈을 가지고 있는 것은 오히려 위험(?)할 수도 있다. 커다란 물탱크에 물을 가두듯 큰돈을 모은다고 해도 과거처럼 규모의 경제가 잘 나타나지 않으며 높은 수익률이 보장되지 않는다.

■ 하나의 물탱크 vs. 하나의 머니탱크

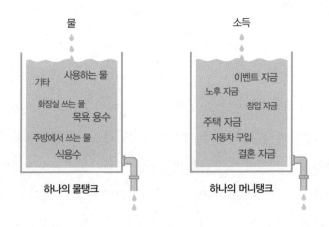

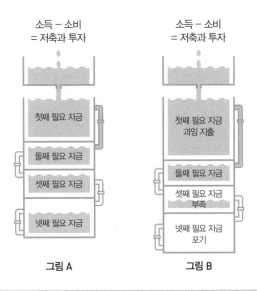

이런 상황에서 필요 자금별로 잘 나누어진 머니탱크가 아니라 하나의 커다란 머니탱크에 돈을 모아 둔다면 그림 A처럼 필요 자금이 탱크에 골고루 나누어져 담기는 것이 아니라 그림 B처럼 시간의 순서대로 앞에 있는 필요 자금에 자신도 모르게 더 많은 돈을 과잉 지출하게 된다. 또 생각지도 않은 상황에서 시간의 순서상 뒤에 있는 재무 목표는 포기하게 될 가능성이 크다. 또한 하나의 머니탱크에 담긴 목돈은 무분별한 소비의 재물이 되거나 목적과 달리 잘못 투자되어 손실을 입게 될 수도 있다.

통번역 전문 강사로 활동 중인 하승미(미혼 35세) 씨는 요즘 투자한 부동산으로 고민에 빠져 있다. 재작년 친구의 권유로 경기도 외곽에서 분양하는 오피스텔 두 채를 분양 받았는데, 올해 초 잔금을 치를 때까지 입주자를 구하지 못했다. 원래 계획은 계약금 2,400만 원만 내고 중도금은 무이자대출로 처리하고 잔금인 4,800만 원은 세입자의 보증금으로 충당하려 했다.

그런데 지금처럼 세입자를 구하지 못한 상태에서 잔금을 치르려면, 여유 자금 2,000만 원에 추가 대출을 받아야 하는 난감한 상황이다. 설사 시세를 낮춰 세입자를 구해도 보증금을 예상한 만큼 받지 못해 당분간은 월세를 받더라도 이자를 내고 최소 2,000만~3,000만 원은 묶이는 상황이 되고 말았다.

그녀는 원래 부동산 투자에 전혀 관심이 없었다. 단지 오래전부터 1억 모으기라는 목표로 저축을 시작했다. 그 돈이 결혼 자금이 될지, 주택 자금이 될지 모르는 상태에서 단지 목돈을 만들자는 단순한 생각으로 돈을 모은 것이다. 유일하게 명확한 목표가 있었다면, 30대 중반에 2년 정도 해외 유학을 가겠다는 것이었다. 여러 가지 목표가 있음에도 하나의 머니탱크로 관리해 온 그녀는 월세와 시세차익이라는 두 마리 토끼를 잡을 수 있다는 말에 얼결에 투자했던 것이다.

부동산에 전혀 관심이 없는 그녀의 얇은 귀가 팔랑거린 이유는 무엇일까? 물론 적은 돈으로 고정 수입이 생긴다는 것은 누구에게나 흥미를 끌기에 충분하다. 하지만 내막을 살펴보면 결혼 자금 또는 주택 자금, 유학 자금을 따로 분리하지 않고 한꺼번에 관리하다 보니 생각지도 않게 충동적으로 투자한 것이 화근이 되고 말았다. 필요 자금을 목적별로 정하지 않으면 생각지도 않은 곳에 투자하거나 잘못된 곳에 쓰일 수 있는 여지가 다분하다.

그녀는 목표에 도달하지도 못했으면서 돈의 사용처를 두고 생각이 왔다 갔다 했다. 1억 만들기 목표가 반환점을 돌기도 전에 암초에 부딪친 것이다. 이런 상황을 해결하기 위해 얼마나 시간을 허비해야 할지도 모른다. 이제는 가장 확실한 목표였던 유학도 실현이 불확실해지고 말았다. 필요 자금을 효율적으로 마련하고 관리하려면 돈 모으는 단계에서부터 반드시 자신에게 맞는 각각의 머니탱크로 돈을 나누어 사용하는 계획이 필요하다.

필요 자금에 맞는 머니탱크 만들기

고용노동부가 발표한 2015년 기준 고용형태별 근로실태 조사에 따르면 대한민국 근로자의 평균 임금은 3,281만 원이다. 상위 10퍼센트를 기준으로 해도 6,432만 원이고, 상황이 좋아 상위 10퍼센트 이내거나 맞벌이를 해도 월 소득은 500만 원 정도다. 그렇다면 대부분의 사람이 목표로 하는 인생의 필요 자금인 결혼, 주택, 자녀교육, 노후, 기타 자금을 마련하는 데 있어 큰 틀을 짜지 못하면 많은 문제가 발생할 수 있다.

같은 기간 돈을 잘 모은 사람의 가장 두드러진 특징 중 하나가 바로

■ **필요 자금별 머니탱크**

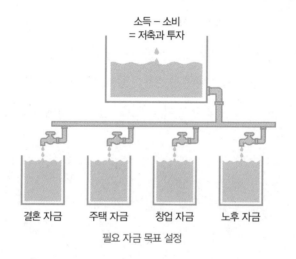

필요 자금 목표 설정

이것이다. 자금을 목적별로 잘 나누어 계획을 세운다는 말이다. 언뜻 봐서는 간단해 보이지만, 생각처럼 잘 안 되는 경우도 많다. 그 이유가 뭘까? 가장 먼저 설명했듯이 목적 자금에 대한 달성률을 계산하기보다 여전히 우리 머릿속에는 상품의 수익률에 대한 관심이 크다. 둘째는 돈 모으기에 앞서 최종 목적이 되는 목표를 나누어 자신이 필요로 하는 자금 목표를 만들지 못했기 때문이다.

62쪽의 그림처럼 목표하는 자금별로 파티션이 확실하게 나누어져 있다면 앞장에서 설명한 대로 수익률이 아니라 목적별 달성률을 명확하게 확인할 수 있다. 또 한 가지, 목적 자금에 필요 이상으로 과잉 투자하거나 과잉 지출되는 것도 예방할 수 있다.

잘 모이는 공식 4 **머니탱크의 공식**

목적별로 나눈 별도의 머니탱크를 만들지 못하면 목적별로 돈을 모을 수 없다.
목적 자금의 숫자 = 머니탱크의 숫자

1. 저축과 투자를 할 수 있는 총 금액은 얼마인가? 그리고 자신에게 필요한 자금의 종류를 나누고 얼마씩 모아야 할지 적어 보자.

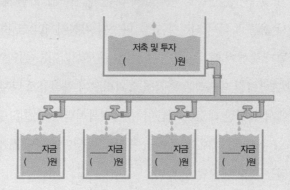

2. 현재 파티션이 목적 자금별로 어떻게 나누어져 있는지 체크해 보자.

목적 자금 파티션	금융기관	상품명(통장명)	월 불입액	현재 잔액
예비 자금				
오아시스 자금				
결혼 자금				
주택 자금				
자녀교육 자금				
노후 자금				
기타( )				
기타( )				

05

시간이 돈이다!
진짜 지체 비용 줄이기

'미루면 미룰수록 시간과 비용은 배倍가 됩니다!'

어느 치과 병원의 광고 문구다. 저절로 고개가 끄덕여지는 말이다. 지금까지 살아오면서 자연스레 터득한 진리가 있다면, 세상의 어떤 일도 미뤄서는 좋지 않다는 것이다. 필자는 종종 스스로에게 이런 질문을 던진다. "이걸 지금 꼭 해야만 하나?"

이런저런 생각으로 망설이다 제때 결정하지 못하는 경우가 있는데, 지나고 보면 항상 그때가 가장 좋은 기회였다. 그때마다 '모든 것은 때가 있다'는 말을 절감한다. 제때 그 일을 하지 않으면 그에 따른 대가를 치러야 한다는 것도 깨달았다. 이것이 바로 지체 비용delay cost이다. 그렇다면 지체 비용은 왜 생기는 것일까? 돈의 시간적 가치time value of the money(화폐는 시간의 흐름에 따라 그 가치가 달라지는데 현재 가치를 미래 가치로 계산할 때는 이자율을 경과년 수만큼 제곱해서 구하고, 반대로 미래 가치를 현재 가치로 계산할 때는 미래 가치를 이자율을 경과년 수 제곱만큼 할인하여 구한다.)를 깨닫는다면 쉽게 이해할 수 있다.

현재 가치를 이해하면 투자가 쉬워진다

같은 회사에 근무하는 문 대리와 안 대리는 1,000만 원을 내면 매년 350만 원씩 5년간 받을 수 있다는 투자를 고민하고 있다. 현재 이자율은 10퍼센트이다. 당신이라면 투자하겠는가, 투자하지 않겠는가? 문 대리는 바로 투자를 결정했다. 하지만 안 대리는 고민을 거듭하다 1년 뒤에 투자를 결정했다. 과연 누가 더 이익일까?

돈의 가치는 시간에 따라 달라진다. 지금 투자한 1,000만 원은 현재 가치다. 하지만 이들이 1년, 2년…… 5년 후 받게 되는 350만 원은 현재

현재 가치를 구하는 방법

$$현재 가치(PV) = \frac{미래 가치(FV)}{(1+r)^t}$$

r = 이자율, t = 시간

의 350만 원과는 가치가 다르다. 미래에 받게 될 350만 원을 지금의 가치로 환산하면 얼마일까?

이를 계산해 보면 1년 후 받는 첫 번째 350만 원의 현재 가치는 318만 원이고, 2년 뒤는 289만 원이다. 또 3년, 4년, 5년 후 받는 350만 원은 각각 262만 원, 239만 원, 217만 원이다. 다섯 번의 350만 원을 현재 가치로 계산하니 1,325만 원이 된다. 결과적으로 325만 원의 수익이 나는 투자인 셈이다.

이는 다른 투자를 했을 경우 얻을 수 있는 이자율 10퍼센트보다 높은 수익이 보장되기 때문에 좋은 투자라고 볼 수 있다. 당연히 하루라도 빨리 투자해야 한다. 늦으면 늦을수록 손해다. 바로 지체 비용이 발생하기 때문이다. 그런데 내가 투자하고 나서 시장의 수익률이 15퍼센트로 상승해 투자한 수익률보다 더 높아지면 지체 비용은 더 이상 발생하지 않

■ 미래 350만 원의 현재 가치는 얼마일까?

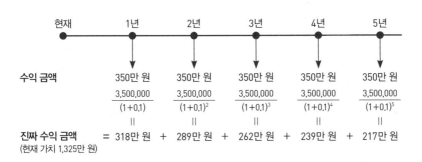

	현재	1년	2년	3년	4년	5년
수익 금액		350만 원	350만 원	350만 원	350만 원	350만 원
		$\dfrac{3{,}500{,}000}{(1+0.1)}$	$\dfrac{3{,}500{,}000}{(1+0.1)^2}$	$\dfrac{3{,}500{,}000}{(1+0.1)^3}$	$\dfrac{3{,}500{,}000}{(1+0.1)^4}$	$\dfrac{3{,}500{,}000}{(1+0.1)^5}$
진짜 수익 금액 (현재 가치 1,325만 원)		= 318만 원 +	289만 원 +	262만 원 +	239만 원 +	217만 원

는다. 지체 비용이란 시장 수익률이 그대로거나 더 낮아질 경우 발생한다고 볼 수 있다.

그렇다면 시장 수익률보다 높은 투자 수익률은 무엇일까? 그런 것이 존재하기는 하는 걸까? 지금은 갈수록 저성장과 초저금리로 좋은 투자의 기회가 사라져 가는 시대다. 더 좋은 조건의 투자란 지금보다 과거에 더 일찍 결정하지 못한 투자를 말한다. 그 과거 시점보다 더 좋은 조건의 투자도 마찬가지로, 그보다 좀 더 과거에 결정하지 못한 투자다. '아 옛날이여'라는 노래가 저절로 떠오르는 대목이다.

> **지체 비용이 발생하는 경우**
> 조건 1 | 시장 수익률(이자율) 〈 투자 수익률
> 조건 2 | 시장 수익률(이자율)이 시간이 지남에 따라 하락한다.

지금 이 순간보다 더 좋은 조건의 투자는 앞으로 존재하지 않을 수 있다. 지금 이 순간도 시간이 흘러 미래에서 바라본다면 더 좋은 조건의 투자가 가능했던 시기다. 지금처럼 저성장에 초저금리인 데다 마땅한 투자처가 없는 상황에서는 지금보다 더 좋은 조건의 투자는 나타나기 힘들다. 이렇듯 지체 비용이 늘어나는 첫 번째 원인은 저성장과 낮아지는 투자 수익률을 꼽을 수 있다.

과연 무엇이든 빨리 대응하는 것이 유리할까? 투자와 반대로 내가 누군가한테 돈을 빌린다면 그것 역시 반대의 경우가 될 수 있다. 돈을 빌려 쓰는 대가인 이자는 시장 수익률에 영향을 받는다. 투자 수익률이 점점 낮아지는 만큼 돈을 빌리는 이자율도 점점 낮아진다. 이런 경우라면 돈을 늦게 빌릴수록 지체 비용이 아니라 그만큼 지체 이익이 발생할 것이다. 시장에서 고정금리에 비해 변동금리가 유리한 이유가 바로 이 때문이다.

지체 이익 발생
시장 이자율이 시간이 지남에 따라 하락할 때 돈을 빌리는 경우다.
예) 고정금리보다는 변동금리가 유리하다.

지체 비용이 발생하면 이익은 감소한다

그렇다면 투자 수익률이 하락하지 않는다면 지체 비용은 더 이상 발생하지 않을까? 다음의 사례를 통해 생각해 보자. 갑, 을, 병은 모두 30세 동갑으로 같은 회사에 입사한 동기다. 이 회사의 정년은 60세며 첫 월급 300만 원으로 시작해 매년 6퍼센트씩 오른다고 가정해 보자. 회사에는 법정 퇴직금과 별도로 퇴직을 대비해 연금 상품을 운영 중인데, 60세에 은퇴하는 시점부터 매월 100만 원을 종신토록 지급하도록 설계되었다. 이때 투자 수익률 6퍼센트는 회사가 보장하고 언제라도 10년만 납입하면 된다. 가입 시기는 개인이 자유롭게 정할 수 있다.

갑은 30세부터 10년을, 을은 40세부터 10년을, 병은 50세부터 10년을 각각 납입하기로 했다. 퇴직 시점인 60세에 연금 월 100만 원을 종신토록 받기 위해서는 60세까지 약 1억 6,000만 원의 적립금을 쌓아야 하기 때문에 이들이 내야 하는 연금 부담금은 기간마다 서로 다르다. 병이 가장 많은 금액을, 그다음 을이, 갑이 가장 적은 금액을 납입할 것이다.

가장 빨리 납입한 갑은 10년간 4,320만 원만 내면 된다. 을은 갑보다 1.7배가 넘는 7,440만 원을 내야 한다. 병은 갑보다 무려 2.7배가 넘는 총 1억 2,000만 원을 내야 한다. 내야 하는 돈의 액수만 놓고 본다면 늦으면 늦을수록 지체 비용이 발생하는 것처럼 보인다. 하지만 이는 지체 비용이 아니다.

병이 갑보다 20년 늦게 납입하는 이유로 갑보다 훨씬 더 많은 돈을

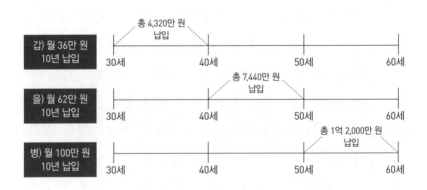

■ 60세 매월 100만 원의 연금을 받기 위한 연금 부담금

갑) 월 36만 원
10년 납입

총 4,320만 원
납입
30세   40세   50세   60세

을) 월 62만 원
10년 납입

총 7,440만 원
납입
30세   40세   50세   60세

병) 월 100만 원
10년 납입

총 1억 2,000만 원
납입
30세   40세   50세   60세

갑·을·병이 납입하는 연금 적립액

세 사람이 납입한 금액은 결국 같은 액수다.

| 갑 30~40세 10년
4,320만 원 | = | 을 40~50세 10년
7,440만 원 | = | 병 50~60세 10년
1억 2,000만 원 |

세 사람이 내는 돈의 가치는 돈의 시간 가치를 고려하면 정확히 같은 금액이며, 언제 납입하더라도 지체 비용도 없다.

내야 하지만, 투자 수익률 6퍼센트가 변하지 않는 조건에서 '돈의 시간 적 가치'로 보면 결과적으로 세 사람이 내는 돈의 가치는 정확히 똑같기 때문이다. 시장에서 투자 수익률이 같고 언제든지 동일한 조건의 투자가 가능한 상황에서는 우리가 알고 있는 지체 비용은 발생하지 않는다.

화폐 가치의 측면에서만 본다면 지체 비용이 없다는 것을 알았다. 이제 한 걸음 더 들어가 들여다보자. 그렇다고 해서 납입을 미루는 것이 좋

■ 기간별 연금 적립액

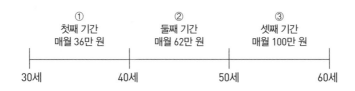

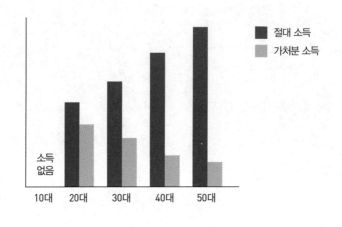

을까? 당신이 그들의 입장이라면 어떤 선택을 하겠는가? 많은 사람이 막연히 납입을 연기하려고 한다. 하지만 이 경우에는 지체 비용이 없더라도 빨리 납입하는 것이 유리하다.

왜냐하면 위의 표에서도 나타나듯이 소득은 30대가 40대나 50대에 비해서는 낮지만 가처분 소득은 가장 높기 때문이다. 가처분 소득이란 내가 자유롭게 소비하거나 저축할 수 있는 돈을 말한다. 40대나 50대는 30대에 비해 절대 소득은 높지만 자녀교육비나 주택 자금 등으로 생활비가 늘어나서 실제 납입할 여유는 줄어든다고 봐야 한다. 가처분 소득이 높은 시기에 연금 부담액을 미리 납입해 두었다면 그만큼 가처분 소득이 낮아서 경제적으로 힘든 시기를 수월하게 지날 수 있다.

10만 원의 가치는 천차만별

여기서 우리는 재미있는 사실을 한 가지 발견할 수 있다. 화폐의 진짜 가치는 상황에 따라 달라질 수 있다는 사실이다. 똑같은 돈이라도 언제 사용하느냐에 따라 효용이 달라진다. 효용이란 쉽게 말해 돈에 대한 만족도를 가리킨다. 효용은 경제학에서 중요하게 쓰이는 용어로 숫자상으로는 그 차이를 발견할 수 없지만 진짜 지체 비용을 이해하는 데 도움이 된다. 똑같은 돈 10만 원을 각각 연령대별로 주고 그 만족도를 측정해 보면 다음과 같다.

똑같은 10만 원이라도 소득이 전혀 없는 10대나 70대에게는 상당히

■ **연령대별 10만 원 효용**

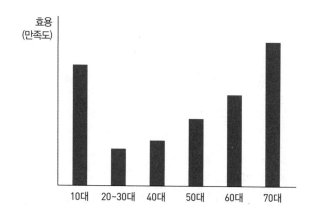

큰돈일 수밖에 없다. 즉 효용이 높다는 말이다. 하지만 한창 경제활동을 하고 있고 앞으로 수입이 더 많아질 가능성이 있는 20~30대에게 10만 원은 10대나 70대에 비해 상대적으로 효용 가치가 낮을 수밖에 없다. 또 젊은 직장인은 월급이 200만~300만 원이라도 100만~200만 원 정도는 저축을 하든지 자신이 좋아하는 취미나 쇼핑에 소비할 수 있는 여력이 충분하다. 한마디로 가처분 소득이 높다.

하지만 40~50대는 월급이 그보다 훨씬 많아도 가처분 소득이 30대에 비해 적다. 가족 구성원인 자녀가 성장함에 따라 더 큰 주택을 마련해야 하는 주거비, 입시 준비를 위한 다양한 사교육비, 외식비와 문화비 등 전체 생활비가 기하급수적으로 늘어나기 때문이다. 그만큼 자유롭게 쓸 수 있는 돈이 없어진다.

그래서 노후나 교육 자금같이 오랜 기간 적은 금액으로 꾸준히 준비해야 하는 것은 가처분 소득이 높은 시기에 일찍 시작하지 않으면 안 된다. 당장 발등에 불이 떨어질 만큼 시급하지 않다는 이유로 차일피일 미루다가 눈앞에 닥쳐서 시작하면 상당한 지체 비용을 지불해야 할 수 있기 때문이다. 사람들 대부분이 이러한 상황에서 제대로 준비하지 못하고 노후를 맞이하고 있다.

노후 및 교육 자금 준비의 원리
효용 가치가 낮은 시기에 모아서 효용 가치가 높은 시기에 사용한다.

이는 같은 금액일지라도 쓰임새가 전혀 다르기 때문에 그 가치는 배가된다고 할 수 있다. 시간이나 돈이 상황이나 환경에 따라 완전히 다른 가치를 가질 수 있다는 원리는 익히 들어 왔던 황진이의 시조에도 잘 나타나 있다.

동짓달 기나긴 밤 한 허리를 버혀 내어
춘풍 니불 아래 서리서리 넣었다가
어론 님 오신 날 밤이거든 굽이굽이 펴리라.

이 시조의 숨은 속뜻을 살펴보면 이렇다. 만일 시간을 잘 모아 놓았다가 쓸 수 있다면 사랑하는 님이 없는 한겨울 밤, 그러니까 효용 가치가 아주 낮은 시간을 잘 세이브했다가 사랑하는 님이 오신 효용 가치가 극대화된 바로 그 시점에 그 시간을 꺼내 쓰겠다는 것이다. 시간 역시 모두 같다고 할 수 있지만, 효용 가치의 차이는 분명 존재한다. 하지만 안타깝게도 시간은 세이브할 수 없다. 여기서 중요한 것은 돈은 세이브할 수 있다는 사실이다.

당신이 지금 당장 눈앞의 것들에 매몰되어 미래의 장기적인 삶을 전혀 준비하지 않는다면 눈에 보이지 않지만 효용 가치의 차이에서 오는 진짜 지체 비용을 지불해야 할 수도 있다. 돈을 잘 모으는 사람들은 어떨까? 효용 가치가 낮을 때 조금씩 묻어 두었다가 효용 가치가 극대화된 시점에 꺼내 쓴다. 눈에 보이지 않는 지체 비용을 줄이는 사람들이다. 앞서 언급했듯이 필요 자금에 대한 목표가 명확하기 때문에 타이밍에 걸맞는 저축과 투자를 놓치지 않고 할 수 있다.

노후나 교육 자금처럼 장기적인 자금은 가처분 소득이 높은 20~30대에 일부라도 일찍 준비하는 것이 필요하다.

06

지금 무엇에 집중할 타이밍인가, 골든타임을 놓치지 마라

어떤 사건이 발생했을 때 인명을 구조하기 위해 절대 놓쳐서는 안 되는 금쪽같은 시간을 골든타임이라고 한다. 평생 대박 수익률에 성공한 재테크가 아니라도 돈을 잘 모아 온 소득 안정형 부자들은 돈 관리에도 골든타임을 놓치지 않은 사람들이다. 하지만 똑같은 월급을 받고도 돈을 잘 모으지 못하거나 미래를 준비하지 못하는 사람들은 타이밍을 놓치고 뒤늦게 후회하곤 한다. 당장 눈앞의 현실에 쫓기다 보면 어느 순간 제대로 준비하지 못해 큰 어려움을 겪을 수밖에 없다. 여기에서는 우리의 라이프 사이클에 존재하는 저축의 골든타임, 주택의 골든타임, 노후 준비의 골든타임에 대해 알아보자.

저축의 골든타임 공식

소득으로만 생활하는 급여 생활자는 목돈이 아닌 작은 돈을 매월 저축함으로써 결혼이나 주택 자금을 마련해야 한다. 그럼에도 미혼이나 결혼한 지 얼마 안 된 신혼부부는 월급이 적어서 또는 명확한 필요 자금에 대한 목표가 없어 저축을 많이 하지 못할 수 있다. 하지만 저축의 골든타임은 바로 결혼해서 15년이란 것을 명심해야 한다.

필자는 월 소득 200만 원부터 2,000만 원까지 정말 다양한 사람을 만났는데 소득이 높고 낮음을 떠나 대한민국에 사는 국민이라면 누구나 자녀가 중고등학교에 입학하는 시기쯤에는 매월 납입하는 저축을 하지 못한다. 그 이유는 소득이 늘어날수록 외식비, 쇼핑비, 문화생활비 등 변

■ 결혼 후 저축의 골든타임

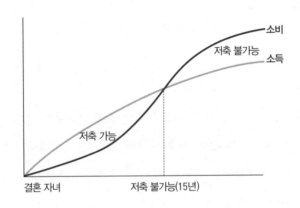

동 소비가 크게 올라가고 자녀가 성장할수록 사교육비 등 자녀교육과 관련된 비용도 갑자기 올라가기 때문이다. 월 소득이 2,000만 원이나 되는데 한 푼도 저축하지 못한다는 것이 얼핏 보기에는 이해가 안 될 수도 있다. 그런데 소득이 이 정도 되면 거의 대부분 자녀들이 해외에서 유학을 하거나 과외 등의 사교육비가 상당하기 때문에 왜 그런지 수긍이 될 것이다.

쉽게 예단하지 말고 준비하라

월급을 300만 원 받는 신입 사원은 마음만 먹으면 200만 원까지 저축할 수 있지만, 입사 15년 차인 차장은 월급이 600만 원이라도 두 명의 자녀 교육비와 주택대출 상환으로 50만 원밖에 저축하지 못한다. 그마저도 자녀들이 중고등학교에 입학하고 나서는 아예 저축은 엄두도 내지 못한다. 생활비에서 절대적인 비용을 차지하는 중고등학생의 교육비는 우리의 교육 현장에서 벌어지고 있는 사교육 의존 풍토를 그대로 드러내고 있다. 실로 안타까운 모습이 아닐 수 없다.

교육비의 부담 면에서 보면 대학생 자녀를 둔 부모가 한결 부담 없다는 말까지 있다. 요즘 대학생들은 어지간해서는 아르바이트로 자신의 용돈 정도는 해결하기도 하고 학자금대출을 받아 등록금을 해결하기도 한다. 상황이 이렇다 보니 현재 과열되고 있는 사교육을 맹목적으로 따르지 않겠다고 생각하는 젊은 부부도 늘어나고 있다. 자녀한테 무조건 공부를 시키기보다 자신이 원하는 것을 할 수 있도록 자유롭게 키우겠다는 말이다. 그런데 필자가 경험한 바에 의하면, 지금 열심히 중고생 자녀를 사교육으로 뒷바라지하는 부모들도 10년 전에는 그들과 똑같은 말을 했다는 사실이다.

자녀 문제에 대해서는 누구도 쉽게 예단할 수 없다. 자신한테 닥치지 않으면 절대 알 수 없다는 말이다. 또 젊은 부부들이 말하는 아이를 공부만 시키는 게 아니라 자유롭게 키우겠다는 생각은 현재의 교육 풍토를 전혀 모르기 때문에 할 수 있는 말이다. 아이가 좋아하는 것을 자유롭게 할 수 있게 하려면 보통의 사교육보다 훨씬 더 경제적으로 부담이 가중된다.

최근에는 우스갯소리로 엄마들 사이에서 그냥 공부만 하는 아이한테 고마워하라는 말이 나돌기도 한다. 결과적으로 공부하는 아이가 교육비를 가장 적게 쓴다는 뜻이다. 이런저런 측면에서 결혼 후 15년까지 저축의 골든타임을 어떻게 보내는가는 중요한 선택의 문제일 수밖에 없다.

20년간 건설 관련 중견기업에 근무하고 있는 박종렬(49세) 부장은 서울에 있는 35평 아파트를 대출 없이 소유하고 있고 수원의 소형 아파트에서 월세를 받을 만큼 소득 안정형 부자라고 할 수 있다. 예금까지 모두 합하면 고등학생인 자녀를 한 명 키우면서도 소득에 비해 돈을 알차게 모은 경우다. 그런 그에게 돈을 모을 수 있었던 비결을 묻자 그는 주저 없이 엄지척 하면서 알뜰하게 살림해 온 아내를 꼽았다.

그는 내게 "24년 전 결혼하고 첫 월급이 38만 원인가 그랬어요. 그런데 아내가 월급에서 30만 원이나 저축을 하더라고요."라고 말하면서 웃었다. 지금은 투자한 임대용 부동산의 대출금을 상환했으나 교육비에 대한 지출이 늘어나 저축을 많이 하지 못하지만 결혼 초부터 자녀가 중학교에 들어가기 전까지는 적은 월급으로 열심히 저축했다고 한다.

바로 그 부분이 지금의 자산을 형성하는 데 가장 큰 밑거름이 되었다는 말에 부부 모두 이견이 없었다. 여기서 우리는 중요한 사실을 하나 발견할 수 있다. 처음부터 많이 저축하지 않은 부부가 나중에 저축액을 늘린다는 것은 사실상 불가능하다. 결혼해서 15년간이 저축에 있어 골든타임인 이유가 바로 이 때문이다.

잘 모이는 공식 6 **저축의 골든타임 공식**

1. 저축의 골든타임은 소득이 아무리 낮아도 가처분 소득은 높은 결혼해서 15년간이다.
2. 저축의 골든타임에 저축률이 높지 않으면 소득이 올라가도 저축을 늘리는 게 절대 불가능하다.
3. 최초의 저축률은 월 소득의 70%로 시작하라.

주택의 골든타임 공식

결혼을 하자마자 열심히 저축한 덕분에 박 부장은 동기들보다 훨씬 빨리 결혼한 지 10년 만에 20평대 아파트를 마련했다. 저축의 골든타임 때 모은 목돈은 대부분 주택 마련을 위해 사용되는데, 과거같이 집값이 크게 상승하지 않더라도 내 집 마련을 미루면 미룰수록 지체 비용이 증가하고 가처분 소득은 줄어든다. 때문에 결혼해서 첫째 자녀가 중학교에 입학하기 전까지는 내 집 마련이라는 숙제를 끝내야 한다. 그렇지 않으면 나머지 단계도 제대로 진행되기 어렵다.

앞으로는 주택이 주거 개념이자 투자의 수단으로 활용되는 게 아니라 주거용과 투자용을 엄격히 분리해서 준비해야 한다. 집의 규모와 평수만 늘리는 것에 몰두하게 되면 주거용 주택을 마련하고 나서 잉여 자금이 자녀의 교육이나 노후를 위해 사용되지 못할 수도 있다. 좀 더 큰 집을 소유하게 됨으로써 돈이 묶이게 되고 이로 인해 노후에 골칫거리가 될 수도 있다. 과거 부동산 시장이 성장하고 호경기에서는 대형 주택의 거래도 활발해서 언제든지 현금화할 수 있었지만 지금은 부담스러운 관리비와 거래가 잘 안 된다는 이유로 자산 가치가 떨어지고 있다.

결혼해서 12년이라는 황금기를 놓치지 말자

주택의 골든타임은 자녀가 중학생이 되기 전인 결혼해서 12년이란 시간이다. 이 시기에 주택 마련에 성공한다면 내 집을 마련함으로써 생기는 정신적인 안정감으로 자녀교육과 노후 등을 효율적으로 준비할 수 있다. 12년이란 그런 특징을 가지고 만든 최소의 기준이라고 보면 된다. 돈을 잘 모은 사람들은 거의 대부분 신혼 때부터 높은 저축률로 내 집 마련이라는 숙제를 빨리 끝낸다.

그렇지만 항상 모든 게 목표한 대로 이루어지는 것은 아니다. 만약 목표한 주택 마련을 12년 내에 이루기 힘든 상황이라면 어떻게 해야 할까? 쉽게 말해 주택 목표가 자신의 소득에 비해 적당한 수준이 아니라는 증거다. 자신의 소득 수준에서 주택 마련에 집중한다면 12년 안에 내 집을 마련해야 한다. 그런데 여기서 한 가지 생각해 볼 문제는 집이 정말 중요하긴 하지만 그렇다고 평생 집 하나 사는 데 모든 노력을 쏟아 부을 수도 없다는 점이다.

안타깝게도 결혼할 때 부모님의 도움을 전혀 받지 못했거나 여러 가지 이유로 굉장히 적은 금액으로 신혼을 시작한 경우도 많다. 어쩔 수 없이 전세금대출로 신혼집을 시작하기도 한다. 12년이란 주택의 골든타임을 강조하다 보면 아무리 맞벌이라 할지라도 서울에 30평형 아파트를 내 것으로 만드는 데 12년 이상 걸릴 수밖에 없다고 하소연한다.

물론 그런 상황도 충분히 이해한다. 12년이란 시간이 모든 사람에게 반드시 적용되는 절대적인 기준은 아니다. 단지 일반적으로 맞벌이를 하고 큰 대출 없이 전세에서 시작한 부부라면 최소한 놓치거나 방심하지 말고 꾸준히 실천해야 할 대전제를 제시하는 것일 뿐이다. 또 12년 안에

잘 모이는 공식 7 **주택의 골든타임 공식**

1. 결혼해서 12년 이내에 주택 마련 숙제를 끝내야 한다.
   (12년간의 저축으로 가능한 주택을 목표로 하라. 주거용 주택에 과잉 투자하지 말라.)
2. 적정한 주택 자금의 비율은 소득의 55%다.

주택을 마련하지 못하더라도 주택 마련의 시기를 한없이 뒤로 미뤄서는 안 된다는 점을 강조하는 것이다. 수많은 선배 월급쟁이 부자들이 공통적으로 하는 조언이 집을 빨리 마련하라는 것임을 명심하기 바란다.

노후 준비의 골든타임 공식

65세에 은퇴한 사람이 현금 5억 원을 은행에 넣고 매월 월 300만 원을 곶감 빼먹듯 생활비로 뽑아 쓴다고 가정해 보자. 언제까지 그런 생활이 가능할까? 정말 놀랍게도 고작 14년밖에 안 된다(매년 인플레이션 2퍼센트, 이자율 2퍼센트 가정). 80세가 되기 전에 돈이 바닥난다는 말이다. 현재 기성세대의 기대 여명인 88세까지 매월 300만 원을 쓰기 위해서는 65세에 현재 화폐 가치로 8억 원은 있어야 안정적인 노후 생활이 가능하다는 결론이다.

물론 각자 생각하는 노후 생활의 규모가 다를 수 있지만, 소득이 완전히 없는 상태에서 도시에서 편안한 여가를 보내려면 현재의 화폐 가치로 부부가 월 300만 원 정도는 필요하다는 것이 중론이다. 300만 원은 그동안 필자가 만나 본 2030 세대가 가장 많이 답한 노후 생활비이기도 하다. 사실 누구나 노후에 대한 불안감이 있고, 일찍부터 준비해야 한다는 것은 알지만 마음처럼 쉽지 않다. 따라서 노후 자금 문제는 누구에게나 가장 풀기 어려운 숙제가 분명하다.

노후 준비, 어떻게 시작해야 할까?

그렇다면 이렇게 어려운 숙제를 어떻게 풀어야 할까? 가장 큰돈이 필요한 노후 준비에 지금 당장 많은 돈을 할애할 수 없다면 어떻게 해야 할까? 먼저 노후 준비는 매월 발생하는 소득으로 준비해야 한다. 때문에 공적연금, 퇴직연금, 개인연금 등의 연금 소득과 부동산 임대 소득 등 최소 네 곳 이상에서 생활비가 나오도록 하는 것이 이상적이다. 그래야 어느 한쪽에 문제가 생기더라도 보완할 수 있다.

많은 사람이 선호하는 부동산 임대 소득도 물가 상승을 반영해 대체로 올라가고 부동산 가격이 올라 시세차익이 생길 수 있다는 장점이 있지만, 상가 건물의 경우 상권의 변동으로 임대 소득이 감소하거나 공실의 위험 등도 있다. 이런 이유로 임대 소득이 항상 100퍼센트 안정적이라고는 말할 수 없다(이 부분은 제5장에서 보다 자세히 다룰 것이다). 개인연금과 같은 금융 상품은 많은 금액을 짧게 내는 것보다는 아주 적은 금액이라도 일찍 시작해서 납입 기간을 늘리는 것이 필요하다. 보통 결혼을 기준으로 초기 10년간은 소득의 5~10퍼센트를 10년 정도 납입하면 좋다.

'잘 모이는 공식 5' 지체 비용 줄이기의 공식에서 확인했듯이 경제활동을 시작하는 초기 10년간 골든타임을 놓쳐서 소득의 5~10퍼센트조차 납입하지 못하고 이 시기를 지난다면 그 이후에는 아예 노후를 준비하지 못할 수도 있다. 또 늦게 준비할수록 분명 보이지 않는 지체 비용이 뒤따를 것이다.

많은 사람이 정부가 보장하는 공무원연금을 부러워하지만 공무원연금의 상당 부분도 이러한 골든타임의 공식으로 준비되는 것이라 할 수 있다. 많은 사람이 이런 얘기를 들으면 깜짝 놀라곤 한다. 공무원연금의 일정 부분이 정부의 재원으로 이루어지기는 하지만 그 기본은 월급에서 매달 14퍼센트를 떼서 만들어진다는 사실을 기억해야 할 것이다.

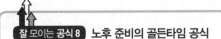

잘 모이는 공식 8   노후 준비의 골든타임 공식

경제활동 초기 10년간 소득의 10%를 노후 준비에 투자하라.

교육 자금의 골든타임 공식

교육 자금은 결혼이나 주택 자금처럼 일시에 들어가는 현금 흐름이 아니라 자녀를 교육시키는 기간인 16~20년 동안 나누어 들어간다는 특징이 있다. 이런 이유로 저축보다는 거의 대부분을 소득에 의존하는 경향이 있다. 주택 자금 외에 별도로 저축해서 교육 자금을 준비할 수 있다면 금상첨화겠지만, 결혼 초기부터 막대한 금액이 들어가는 주택 자금을 만들면서 미래에 발생하는 교육 자금까지 100퍼센트 저축으로 만든다는 것은 현실적으로 불가능하다.

교육 자금을 위한 저축이라면 노후 자금과 마찬가지로 아주 적은 금액을 아주 긴 시간 동안 모아 교육 자금의 일부를 보완하는 방법이 보편적이다. 자녀를 제대로 교육시키려면 교육이 끝나는 시기까지 부모의 안정적인 소득이 있어야 한다. 교육 자금의 일부를 저축으로 준비하고자 한다면 자녀가 태어난 시점부터 시작해 교육비에 대한 부담이 높아지는 중고등학교부터 대학까지 사용하도록 계획하는 것이 좋겠다. 이것 역시 저축 골든타임에 아주 적은 비중이라도 시작한다면 미래의 부담을 어느 정도는 줄일 수 있다.

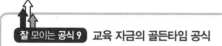

잘 모이는 공식 9 교육 자금의 골든타임 공식

자녀가 태어난 시점부터 소득의 5% 이내로 장기저축을 시작한다.

셀프 체크업 5 나는 지금 골든타임을 어떻게 보내고 있는가?

골든타임 종류	저축 금액	소득 대비 몇 %	내용	비고

잘 모이는 공식, 다시 한번 기억하기!

잘 모이는 공식 1. 달성률 우선의 공식

수익률의 격차가 크게 나타나지 않는 저금리와 저성장의 시대에는 재테크 성공에 상대적인 잣대인 수익률보다 스스로 세운 목표 금액에 얼마나 도달하고 있는가인 달성률이 우선되어야만 한다.

$$수익률(\%) = \frac{이자(수익)}{원금} \times 100 \Rightarrow 달성률(\%) = \frac{원금 + 이자(수익)}{목표 금액} \times 100$$

잘 모이는 공식 2. 요구 수익률의 공식

돈 모으기에 있어 계획이 없다면 다른 사람과 무턱대고 비교하면서 요구 수익률이 올라갈 수밖에 없다. 따라서 자신의 페이스와 목표에 맞는 재테크가 중요하다.
1. 요구 수익률이 낮을수록 오히려 돈은 잘 모인다.
   → 돈 모으기에 있어 미리 계획된 필요 자금 플랜이 있기 때문이다.
2. 여유 자금은 요구 수익률이 낮고, 조급한 돈은 요구 수익률이 높다

잘 모이는 공식 3. 미래 경쟁력 자본의 공식

현재 저축과 투자를 위해 근검절약하는 것 못지않게 미래에 자기계발과 경쟁력 확보를 위해 평생 학습 자본에 투자하는 것이 중요하다.
1. 지식Knowledge – 새로운 지식을 습득한다.
2. 경험Experience – 새로운 경험을 쌓는다.
3. 인간관계Network – 새로운 인간관계를 형성한다.

잘 모이는 공식 4. 머니탱크의 공식

사용되는 목적이나 시기가 다른 자금을 하나의 계좌에 동일한 저축이나 투자로 운영하는 경우 시기적으로 나중에 쓸 자금은 모자를 수밖에 없기 때문에 목적 자금별로 머니탱크를 나누어 운영해야만 한다.
목적 자금의 숫자 = 머니탱크의 숫자

잘 모이는 공식 5. 지체 비용 줄이기의 공식

교육 자금이나 노후 자금과 같이 먼 미래에 사용되는 비용은 적은 금액일지라도 일찍 시작하는 것이 바람직하다. 효용 가치가 낮을 때 세이브했다가 효용 가치가 극대화된 시점에 꺼내 쓰는 지혜를 발휘해 지체 비용을 줄여야 한다.

잘 모이는 공식 6. 저축의 골든타임 공식

소득이 올라갈수록 소비는 더 가파르게 올라가기 마련이다. 이 때문에 저축률이 늘어나지 못하고 떨어지는 특징이 있다. 사회생활 초반에 높은 저축률로 시작해야 한다.

1. 저축의 골든타임은 소득은 아무리 낮아도 가처분 소득이 높은 결혼해서 15년간이다.
2. 저축의 골든타임에 저축률이 높지 않으면 소득이 올라가도 저축을 늘리는 게 절대 불가능하다.
3. 최초의 저축률은 월 소득의 70%로 시작하라.

잘 모이는 공식 7. 주택의 골든타임 공식

주택 자금은 가장 많이 필요한 비용인 동시에 가장 먼저 끝내야 하는 단계이기도 하다. 저축 비율, 시일 등을 잘 고려해 효율적으로 준비해야 한다.

1. 결혼해서 12년 이내에 주택 마련 숙제를 끝내야 한다.
   (12년간의 저축으로 가능한 주택을 목표로 하라. 주거용 주택에 과잉 투자하지 말라.)
2. 적정한 주택 자금의 비율은 소득의 55%다.

잘 모이는 공식 8. 노후 준비의 골든타임 공식

과거보다 더 많은 문화생활을 즐기고 도심에 사는 현대인의 경우 노후 준비는 예전보다 더욱 중요해졌다. 경제활동 30년을 기준으로 볼 때 저축으로 부족한 노후 준비를 보완하기 위해서는 초기 10년 동안 소득의 10%를 노후에 투자하는 것이 필요하다.

잘 모이는 공식 9. 교육 자금의 골든타임 공식

자녀교육 자금은 대부분 미래 소득으로 해결해야 하지만 그중 일부는 반드시 저축으로 보완해야 한다. 자녀가 태어난 시점부터 소득의 5%를 장기저축으로 충당하는 것이 필요하다.

제2장

잘 쓰는 것이 경쟁력,
소비 예산 공식 1

소비 예산으로
소비 염려증을 극복하라

당신은 어떤 차를 소유하고 있는가? 보통 사람들은 소유한 자동차의 배기량을 보고 상대의 경제력을 판단한다. 고급 외제차를 타고 다니면 부자일 거라고 생각한다. 그런데 미국 사람들은 아무리 큰 차를 타고 다니거나 돈을 펑펑 써도 절대 부자라고 생각하지 않는다. 그보다는 아메리칸 익스프레스라는 신용카드를 사용하면 "와우!" 하고 탄성을 지르며 부자라고 인정한다. 미국은 거의 모든 신용카드에 리볼빙 기능이 있다. 돈이 없어도 어느 정도는 과소비(?)가 가능하다. 일단 카드로 돈을 쓰고 장기적으로 갚아 나간다는 말이다.

미국 사람은 부자가 아니라도 큰돈을 쓸 수 있다. 그렇다면 이처럼 과감한 소비가 가능한 이유가 무엇일까? 미래에도 돈을 벌 수 있을 거라는 자신감 때문이다. 지금은 돈을 빌려 쓰더라도 벌어서 갚을 수 있다는 그런 자신감과 희망이 지금까지 미국 경제를 지탱해 왔는지도 모른다. 그 결과 2008년에는 금융 위기를 겪었지만 시장에 돈을 풀고 다시금 소비 심리를 되살려 이제는 그 위기도 극복해 냈다. 그런데 우리나라는 어떤가? 사람들의 닫힌 지갑이 웬만해서는 열릴 기미가 보이지 않는다. 그 이유가 무엇일까?

장기 불황으로 미래에도 돈을 벌 수 있을지 불안해하기 때문이다. 필자가 만나 본 사람은 거의 대부분 소비 염려증을 갖고 있었다. 그런데 아이러니한 사실은 정작 소비를 줄여야 하는 사람보다 그렇지 않은 사람들이 소비를 줄이고 있다는 점이다. 반면 좀 더 절약해야 하는 사람은 그다지 적절한 소비를 하지 않으면서도 자신의 소비를 염려만 하는 경우도 많았다. 어떻게 해야 자신의 소득에 맞춰 적절한 소비를 할 것인가? 소비 염려증에서 해방되는 방법은 무엇일까? 얼마나 소비하는지 그 금액의 많고 적음을 떠나 경제적인 자유를 누리면서 소비 생활을 영위할 수 있는 방법은 없을까?

이번 장은 이런 모든 문제를 해결해 줄 마법의 도구, 소비 예산에 대해 다룰 것이다. 이번 기회에 자신에게 적정한 소비 방법을 찾고 소비 염려증에서도 해방되길 기대한다.

01

경제적 자유를 가능하게 하는
소비 예산의 비법

당신은 '경제적인 자유'라는 말을 들으면 가장 먼저 무엇이 떠오르는가? 돈을 제한 없이 마음껏 쓸 수 있는 상태를 떠올릴 것이다. 모든 사람이 어렸을 때부터 그런 자유를 꿈꿔 왔는지도 모르겠다. 학창 시절을 떠올리면 용돈이 많고 적음을 떠나 언제나 부족했던 기억만 있다. 한정된 용돈으로 큰 불편함 없이 지내려면 방법은 단 하나, 무조건 덜 쓰고 아끼는 수밖에 없었다.

이런 이유로 경제적 자유란 상상 속에만 존재하는 단어가 되고 말았다. 학창 시절에는 용돈을 받아 쓰기 때문에 어쩔 수 없다고 생각했겠지만 어른이 되어 돈을 벌고 있는 지금도 상황은 달라지지 않는다. 현실이란 삶에 갇혀 지내다 보면 자유로워지고 싶다는 생각을 자주 하게 된다. 특히 경제적인 자유를 누리고 싶다는 열망이 더욱 강해진다.

소비 예산에 자유를 불어넣는 방법

하지만 현실이라는 세상에 발을 딛고 사는 이상, 완전한 경제적 자유는 불가능에 가깝다. 평생 다 쓰지 못할 만큼 큰돈을 가진 재력가라 해도 자신이 하고 싶은 모든 것에 마음껏 돈을 쓰지는 못한다. 완벽한 자유라고 생각되는 어떤 것도 그 속을 들여다보면 어느 정도는 제한된 범위를 가지고 있기 때문이다.

당신한테 수평선이 보이는 드넓은 바다에서 어떠한 제한 없이 마음껏 수영을 하라고 한다면 어떤 기분이 들 것 같은가? 아! 정말로 자유롭다는 생각을 하겠는가, 아니면 왠지 모를 불안감이 들겠는가? 망망대해에는 어떤 위험이 도사리고 있을지 모르기 때문에 어쩌면 자유롭다는 생각보다 불안감이 들 수 있다.

일정한 거리에 안전 펜스를 치고 그 안쪽 바다에서만 자유롭게 수영을 하게 한다면 어떨까? 혹은 일정 공간으로 제한할지라도 안전한 수영장에서 수영하는 것은? 오히려 그것이 자유로움과 안정감을 느낄 수 있는 방법이다. 인간에게 행복감을 느끼게 하는 자유란 무조건적인 자유가 아니라 일정 수준 제한된 자유, 그래서 무한대의 자유 때문에 생기는 불안감을 제거한 상태의 자유로움을 말한다.

돈에 있어서도 마찬가지다. 어떤 것도 제한되지 않는 소비가 언뜻 봐서는 경제적인 자유일 것 같지만 절대 그렇지 않다. 사람들은 대부분 자신의 소비에 대해 불안감을 갖고 있다. 돈을 쓰면서도 이 소비가 적당한지 끊임없이 자신한테 되묻는다. 이런 의구심은 누군가가 그 소비가 적당하고 정말 잘한 일이라고 칭찬했을 때 해소된다. 그래서 좀 비싸다 싶은 물건을 사면 친구나 동료에게 끊임없이 묻곤 한다. 그들에게서 정말 잘 샀다는 칭찬을 들으면 그런 불안감이 사라지기 때문이다.

소비 예산 = 안전 펜스

이런 의구심과 불안감을 잠재우는 또 하나의 방법이 있는데, 할인된 상품을 사는 것이다. 많은 사람이 할인을 통해 자신의 소비를 정당화하려는 심리가 있다. 할인이나 어떤 특별한 혜택을 받고 샀으면 굉장히 잘한 소비라며 스스로를 설득할 수 있는데, 이것이 소비로부터의 불안감을 해소하는 면죄부 역할을 한다. 하지만 할인이나 어떤 혜택을 받았다고 해서 모두 올바른 소비라고 말할 수는 없다. 할인과 혜택에만 집착하는 소비 습관은 나에게 무엇이 필요한지보다 무엇이 싼지에 집중하게 됨으로써 불필요한 물건을 구입하게 만드는 작용도 한다.

그렇다면 돈의 많고 적음을 떠나 소비에 따라다니는 이런 의구심과 불안감은 어디서 비롯된 걸일까? 돈이란 극히 일부를 제외하고는 한계가 있는 유한한 자원이기 때문이다. 소비 예산은 소비에 있어서 드넓은 바다에 안전 펜스와 같은 역할을 하는 것이 있다. 합리적인 소비 습관을 도와주고 소비로부터의 불안감도 없애고 제한된 예산 안에서 나름의 자유로움도 갖게 해주는 것이 바로 소비 예산이다.

남들보다 돈을 잘 모은 사람은 소비 예산에 있어 특별한 비법을 가지고 있다. 저축을 많이 하다 보면 당연히 소비는 줄어들 수밖에 없다. 지나치게 적은 소비는 생활에 불편을 줄 수도 있지만, 소비 예산을 잘 관리하는 사람은 이구동성으로 불편함 없이 불필요한 소비를 효율적으로 줄일 수 있다고 말한다.

해방감을 느끼게 하는 소비 노하우

앞서 소개한 이준석, 박선주 씨 부부는 한계를 두지 않고 사용했던 생활비와 용돈에 소비 예산을 적용한 후 많은 것이 달라졌다고 말했다. 정말 신기한 것은 소비 예산이 구체적인 항목으로 나누어질수록 돈을 쓰는 게 답답하지 않고 오히려 자유롭게 느껴졌다는 점이다. 세부 항목까지 예산을 정해 놓았기 때문에 일정 범위 내에서라면 지출을 망설이지 않아도 되고, 그런 이유로 소비가 자유롭게 느껴지는 것이다.

이렇게 소비 예산의 항목은 구체적일수록 좋다. 처음(1단계)에는 매

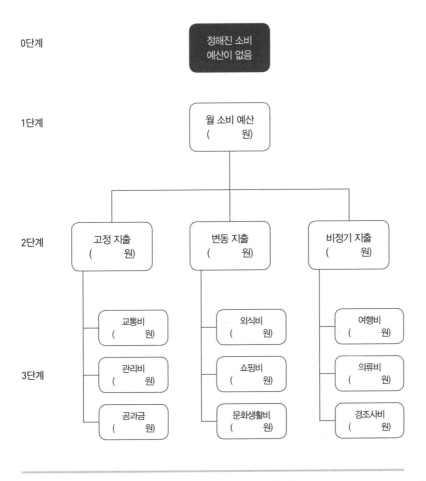

월 지출하는 소비 예산을 정하지만 나중에는 항목별(3단계)로 나누어 사용하면 효과적이다. 당신은 어느 단계까지 소비 예산을 가지고 있는가?

더 작게 쪼개라

대부분 1단계 수준의 소비 예산을 가지고 있다. 월 소비 예산이 하나의 전체 금액으로만 정해져 있다는 말이다. 금액이 정해져 있더라도 명확하지 않은 경우도 많다. 젊은 직장인을 상담하면서 필자가 꼭 물어 보는 질문이 있다. "월 소비 예산이 얼마인가요?" 많은 사람이 "100에서 150만 원 정도요."라고 말하는데 십중팔구 자신은 100만 원만 쓰겠다고 목표했지만, 실제로는 150만 원 이상 쓰고 있다는 의미다. 또 150만 원보다 적게 쓰는 달도 있지만 그보다 많이 쓰는 달도 있다는 뜻이기도 하다. 매월 지출하는 금액이 크게 달라진다는 말이다.

이는 월 소비 예산 2단계에서 변동 지출이 변하기 때문이다. 그런데 소비가 자신이 정한 월 예산을 넘는 이유는 무엇일까? 대체로 갑작스런 경조사나 이벤트 때문이다. 그렇다면 경조사나 이벤트를 대비하는 예산을 별도로 만들고, 매월 정해진 예산으로 고르게 쓰게 하면 어떨까? 그렇게 되면 "월 소비 예산이 얼마인가요?" 하는 질문에 대한 답이 달라질 것

> **잘 모이는 공식 10 월 소비 예산의 공식**
>
> 매월 달라지는 변동 지출에도 불구하고 딱 정해진 명확한 월 소비 예산을 가져라. 0단계 또는 1단계의 예산을 3단계 예산으로 만들어라.
>
> 1. 세부 항목과 월 소비 예산을 명확한 금액으로 제시한다.
> 2. 별도의 통장으로 이체하여 사용한다(파티션 나누기).
> 3. 별도의 예비 자금통장을 사용한다.

이다. "네, 125만 원입니다!" 예상치 못한 변동 지출이 있어도 명확한 소비 예산을 만들고 지키는 것이 불편함은 최소한으로 줄이면서 불필요한 지출을 늘리지 않게 한다.

어떤 상황이 일어나서 얼마를 지출하게 될지 몰라 변동 지출을 느슨하고 탄력적으로 가져간다면 그런 상황이 발생하지 않아도 불필요한 지출은 늘어날 수밖에 없다. 돈을 잘 모으는 사람은 언제 일어날지 모르는 경조사와 이벤트에 대비하는 예산은 따로 만들고, 매월 일정한 금액을 소비하고 관리한다는 점을 명심하자.

셀프 체크업 6 나의 월 예산 관리와 수준은 어느 정도인가?

1. 소비 예산 관리 현황
0단계 – 정해진 예산이 없다. ☐
1단계 – 어느 정도 월 예산이 있다. ☐
2단계 – 고정, 변동, 비정기 예산이 있다. ☐
3단계 – 세부 항목까지 예산이 정해져 있다. ☐

2. 월 소비 예산은 어느 통장에서 관리하는가?
0단계 – 정해진 통장이 없다. ☐
1단계 – 월급통장으로 함께 관리한다. ☐
2단계 – 별도의 통장으로 이체해서 사용한다. ☐
3단계 – 별도의 통장 및 별도의 예비 자금통장을 사용한다. ☐

02

**절약의 불편함을 없애는
지출의 우선순위**

결혼 6년 차인 박민정(가명 36세) 씨는 1년간의 육아 공백에도 불구하고 비교적 일찍 내 집 마련에 성공했다. 결혼 초에는 월급의 80퍼센트까지 모을 정도로 저축에 힘썼다. 현재는 월급이 늘어났지만 그만큼 생활비도 늘어나서 저축액은 70퍼센트에 약간 못 미친다.

　하지만 아이를 키우면서 높은 저축률을 꾸준히 유지한다는 게 쉬운 일이 아니다. 그녀의 경우는 무엇보다 강력한 리더십이 성공 요인으로 작용했는데, 바로 특별한 예산 관리였다. 그녀는 3단계 이상의 세부 항목으로 나눠 살림을 꾸린다. 그녀가 예산 관리를 통해 비록 적은 예산일지라도 새는 돈 없이 큰 불편을 느끼지 않으면서 생활할 수 있었던 데에는 그녀만의 노하우가 있었기 때문이다.

사람에 따라 누군가는 월 소득의 70퍼센트를 쓰면서도 항상 돈이 부족하다고 말한다. 하지만 그녀는 적은 돈이지만 하고 싶은 것을 하면서 전혀 불편하지 않다고 한다. 나름 경제적인 자유를 누리고 있다는 말인데 어떻게 가능할까? 지금부터 그녀의 소비 예산의 들여다보자.

● 박민정 씨의 소비 예산

(단위 원)

2015년 10월	고정비	교육비	주식비	의복비	문화 생활비	외식비	예비비	합계
	관리비 8만 원 통신교통비 14만 원 공과금 12만 원	유치원비 32만 원 도서구입비 3만 원 미술학원비 18만 원	이마트 45만 원 동네마트 10만 원 한살림 10만 원	윤서 옷 5만 원 지훈 옷 3만 원 부부 옷 10만 원	공연관람비 5만 원 도서구입비 2만 원 기타 2만 원	병원비 5만 원 약국비 3만 원 기타 5만 원	기타 20만 원	
분기 예산	1,020,000	1,590,000	1,950,000	750,000	300,000	390,000	600,000	
이월 예산	1,120	4,500	37,000	–	–	–	–	
당월 예산	341,120	534,500	687,000	180,000	90,000	130,000	200,000	2,320,000
사용액	238,480	320,000	160,460	155,500	22,500	3,800	–	939,240
%	70%	60%	23%	86%	25%	3%	0%	40%
현재 잔액	102,640	214,500	526,540	24,500	67,500	126,200	200,000	1,437,380

그녀는 고정 지출처럼 정해진 항목과 별도로 수시로 변할 수 있는 변동 지출 항목을 월 예산뿐만 아니라 분기 예산(월 예산×3)으로 정확히 묶어 놓았다. 변동 지출이다 보니 생활하면서 약간은 높고 낮음이 있기

때문이다. 모자라거나 남는 예산을 이월 예산으로 처리하면 월평균 예산을 절대 넘지 않는다. 이런 방법이 소비를 효율적으로 하는 데 어떤 도움이 되는지 물었다. 그녀는 자신 있게 "돈을 꼭 필요한 곳에 먼저 쓰도록 도와줘요!"라고 대답했다.

만족감을 높이는 돈 지출법

그녀가 말한 돈을 꼭 필요한 곳에 먼저 쓴다는 것은 어떤 의미일까? 사람들은 필요한 것을 위해 소비한다. 하지만 그다지 필요하지 않아도 지갑을 열기도 하는데, 우선순위가 높지 않아도 소비를 한다는 말이다. 이런 가정을 해보자. 당신은 일정한 기간 내에 다섯 개만 소비할 수 있다. 어디에 돈을 쓸 것인가? 머릿속에 필요한 순서가 매겨질 것이다. 1순위부터 5순위까지 가장 필요한 것으로 우선순위가 매겨진다.

예산이란 언제나 우선순위가 높은 것을 먼저 소비하도록 도와줌으로써 자연스럽게 덜 필요한 소비를 뒤로 밀리도록 하는 역할을 한다. 우선순위가 높은 것에 하는 소비는 만족도가 높다. 어떤 가족이 한 달에 세 번 정도 외식하는 비용을 정했다고 하자. 만족도를 측정하면 아마 한 달 만에 먹는 첫 번째 외식이 가장 클 것이다. 마찬가지로 예산에서 정한 대로 한 달에 두세 번까지 외식할 때 만족도가 올라간다.

하지만 예산을 초과해서 외식하게 되면 한 번씩 늘어날 때마다 얻어

■ 외식을 많이 할수록 만족도가 높아질까?

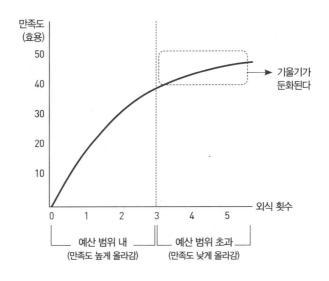

지는 만족도는 첫 번째 외식에 비해 사뭇 달라질 것이다. 바로 경제학에서 말하는 한계 효용의 법칙이다. 예산을 초과한 외식은 이제 다른 소비에 비해 우선순위가 낮아진 것이다. 소비 예산은 같은 돈을 소비하더라도 항상 만족도가 높은 소비를 하도록 자연스럽게 유도하는 셈이다.

요즘은 카드회사에서도 사용자의 소비 패턴을 분석한 정보를 제공하고 있다. 이는 좀 더 효율적인 소비를 유도하기 위함이 아니라 소비자의 소비 형태를 분석해서 자신에게 할인이나 혜택이 많은 카드를 사용하게 하는 일종의 마케팅이라 할 수 있다. 당신이 이를 활용해 자신의 소비 정

보를 잘 분석한다면 특정 부분에서 과하게 발생하는 과잉 소비나 우선
순위가 높지 않은 소비를 파악하는 데 도움이 될 것이다.

세부 항목에 대한 월 소비 예산의 마법
소비 예산은 항상 만족도가 가장 높은 곳에 돈을 쓰도록 해준다.
소비 예산은 우선순위가 낮은 소비는 뒤로 미루도록 해준다.

박민정 씨는 1년에 한두 번씩 카드회사 홈페이지에서 제공하는 사용
자의 소비패턴 분석을 들여다본다. 카드회사가 제공하는 소비패턴 분석

■ 카드회사가 제공하는 소비패턴 분석 자료

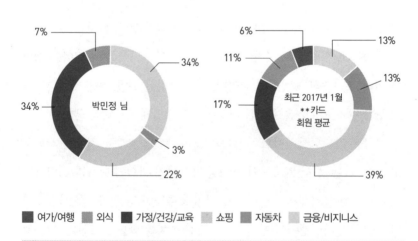

자료를 이용해 좀 더 효율적인 소비를 위한 자기 점검이나 적정한 세부 예산을 조정하는 데 사용하고 있다. 이를 통해 자신에게 알맞은 세부 예산을 조정할 수 있으며 과잉 소비나 우선순위가 높지 않은 소비가 얼마나 많은지를 파악할 수 있다. 그녀는 이렇게 조정되는 세부 예산 범위에서 마음껏 경제적 자유를 느끼고 있다.

또한 대부분의 신용카드가 결제될 때마다 문자알림 서비스를 실시한다. 이는 카드 사고를 방지하는 역할도 있지만 고객이 자신이 소비한 내용을 확인하는 동시에 예산의 세부 내용을 항목별로 관리할 수 있도록 도와준다. 최근에는 모바일 앱을 이용해 가계부를 쓰거나 문자를 자동으로 인식해 자신이 정해 놓은 세부 예산에 항목별로 돈이 얼마나 남아 있는지 자동으로 체크하는 애플리케이션도 있다.

이것만 잘 활용해도 귀찮은 세부 항목의 예산을 편하게 관리할 수 있다. 박민정 씨도 '뱅크샐러드' 애플리케이션으로 세부 항목별로 예산을 관리하고 있다. 그녀는 지난 6개월간 문화생활비의 월 예산을 다 사용하지 못해서 이월된 문화생활비 예산으로 아이와 함께 뮤지컬을 보러 가기로 했다. 이런 기능을 겸한 예산 밴드와 세부 항목을 체크해 주는 애플리케이션을 활용한다면 보다 효율적이고 간편하게 세부 항목에 대한 소비 예산을 관리할 수 있다.

■ 가계부 이상의 지출 관리를 도와주는 '뱅크샐러드' 애플리케이션

1. 카드결제 문자를 인식해 지출 내역 등록 및 가맹점 카테고리 매칭이 자동으로 이루어진다.
2. 월 예산, 카테고리별 예산을 설정하고 관리할 수 있다.
3. 카드 사용을 통해 혜택을 얼마나 받았는지 확인하고 혜택이 가장 큰 카드를 추천한다.
4. 연말정산 시 카드 소득공제를 가장 많이 받을 수 있도록 체크카드/신용카드 중 유리한 결제 수단을 알려준다.

03

나누면 나눌수록 효과적인
생활 예산의 공식

생활 예산이란 말 그대로 생활할 때 필요한 소비 예산을 말한다. 회사에 비유하면 기본 운영비와 같은 비용으로, 돈을 잘 모은 사람은 이 부분이 절대 들쑥날쑥하지 않고 항상 예산 범위 내에서 유지된다. 왜냐하면 생활 예산에는 갑작스런 경조사나 이벤트로 인해 소비되는 돈이나 연중행사처럼 사용되는 휴가비, 비정기적인 지출 등 변동이 생길 수 있는 것이 제외되기 때문이다. 이제 어떤 항목이 있는지 살펴보고 현재 상황을 파악하기 위해 다음의 표를 적어 보자.

● 월 소비 예산 가운데 생활 예산을 짜보자

1단계	2단계		3단계	예산
월 소비 예산 (원)	생활 예산 (원)	고정 지출 (원)	a. 교통/통신비(유류비 포함)	
			b. 각종 공과금/관리비/월세	
			c. 대출이자(원금상환 제외)	
			d. 주식비(외식비 제외)	
			e. 자녀교육비	
			f. 기타	
		변동 지출 (원)	a. 외식생활비	
			b. 문화생활비	
			c. 레저유흥비	
			d. 쇼핑비	
			e. 기타	
	예비 예산(원)		연간 비정기 지출, 경조사비	
	미래 경쟁력 자본(KEN) 예산		학습, 경험, 네트워크	
	오아시스 예산 연간(원)		여행, 특별소비, 의류구입	
합계				

이때 모든 소비 예산은 소득을 기본으로 세워야 한다는 전제가 필요하다. 예산이 소득에 걸맞지 않으면 부족한 부분이 고스란히 부채가 되기 때문이다. 2015년에 있었던 그리스 국가 부도 사태를 기억할 것이다. 그리스는 당시 국가 예산의 절반 가까운 45조 원을 복지와 공무원 임금

등 공공 부문으로 지출했다. 국가가 생활비로 절반을 사용했다는 말이다. 한마디로 그리스 사태의 근본적인 원인은 잘못된 국가 예산의 운영에 있었다.

이는 개인도 마찬가지다. 생활 예산은 매우 적은 금액으로 유지되어야 한다. 미혼이나 신혼부부, 아직 자녀교육비가 많이 들어가지 않는 경우라면 가계 소득의 30퍼센트를 넘지 않는 것이 바람직하다(소득 대비 표준지수 0.3). 하지만 이는 가계의 월 소득이 얼마인지에 따라 달라질 수 있다. 우리가 생활하기 위해서는 절대적으로 필요한 기본 생활비가 있기 때문이다.

잘 모이는 공식 11 **생활 예산의 공식**

1. 미혼이나 미취학 자녀를 둔 가정의 적정 수준 : 월 소득의 20~30% 이내
2. 초등학생~중학생 자녀를 둔 가정의 적정 수준 : 월 소득의 30~50% 이내
3. 고등학생~대학생 자녀를 둔 가정의 적정 수준 : 월 소득의 60~70% 이내

고정 지출 예산을 만들어 보자

고정 지출이란 한번 정해지면 웬만해서는 변하지 않는 지출을 말한다. 그래서 대부분 별다른 신경을 쓰지 않는다. 그 이유는 절대 줄일 수 없는 부분이라고 생각하기 때문이다. 불필요한 지출을 줄이고자 할 때

우리는 고정 지출보다는 외식이나 쇼핑처럼 변동 지출을 줄이는 게 낫다고 생각한다. 물론 그런 주장도 옳다. 하지만 거꾸로 생각해 보면 고정 지출이야말로 잘못됐을 경우 1년 열두 달 자신도 모르는 사이에 불필요한 지출이 발생할 수도 있다. 혹시나 불필요한 지출이나 소득에 비해 과한 부분은 없는지 항상 관심을 갖고 확인해 봐야 한다.

적정한 교통/통신비 예산 만들기

교통(유류비 포함)/통신비는 가계 소득의 10퍼센트 미만이어야 한다. 왜냐하면 전적으로 순수 비용의 성격이기 때문이다. 이보다 상당히 많은 금액이 초과되고 있다면 다시 한 번 검토하기 바란다. 이 비용은 시간이 지날수록 증가할 수는 있어도 좀처럼 줄이기는 어렵다.

여기서 가장 큰 영향을 미치는 부분은 높은 통신비와 소득 수준에 맞지 않는 차량을 유지하는 것이다. 최근에는 초등학생 자녀까지 스마트폰을 사용하는 가정이 늘면서 각 가정의 평균 통신비가 스마트폰 이전 시대와 비교했을 때 2000년 7만 7,000원에서 2015년 14만 7,725원으로 두 배 가까이 증가했다. 또한 초기 비용이 거의 없어도 차를 구매하는 방법이 다양해지면서 소득이 적어도 차를 구매하는 20~30대가 늘었다. 소득 수준에 맞지 않는 차량 유지비 때문에 교통비가 터무니없이 높아지는 것이다.

교통/통신비가 10퍼센트 기준을 많이 초과한다면 큰 문제가 아닐 수 없다. 가계 소득은 월 500만 원인데 100퍼센트 순수 비용인 교통비와 통신비로 월 50만 원 이상을 쓰기 때문이다. 여기서 10퍼센트란 10퍼센트 정도는 괜찮다는 뜻이 아니라 최소한으로 관리되어야 하지만, 백번 양보해도 10퍼센트를 넘어서는 절대 안 된다는 말이다.

잘 모이는 공식 12 교통/통신비의 공식

1. 100% 순수 비용의 성격이다.
2. 교통/통신비는 최대 월 소득의 10%를 넘어서는 절대 안 된다.

적정한 각종 공과금/관리비/월세 예산 만들기

공동주택의 관리비는 공용 관리비와 각 가정에서 사용하는 비용으로 나뉜다. 공용 관리비는 모든 입주민이 공동으로 내는 비용으로 일반 관리비와 청소, 경비, 소독, 승강기의 운영에 관한 비용과 수선 유지비 등이 있다. 개별 사용료는 각 세대에서 사용한 부분으로 전기료와 수도세, 난방비 등의 사용료를 말한다.

개별 사용료는 외출 시 불필요한 전원을 끄고 대기 전력을 줄인다든지, 겨울철 실내 온도를 적정 수준인 20도 이하로 낮추는 등 생활습관만 개선해도 10퍼센트 이상은 줄일 수 있다. 하지만 공용 관리비는 자신의 노력과 의지로는 줄이는 데 한계가 있다.

한창 논란이 되었던 아파트 관리비의 부실 운영에서 보듯 때로는 관심을 가지고 관리비 명세서를 꼼꼼하게 확인해 볼 필요가 있다. 공용 관리비에 대한 정보는 국토부에서 운영하는 공동주택 관리정보 시스템 (www.k-apt.go.kr)을 이용하면 전국의 평균 아파트 관리비와 함께 지역별 관리비의 평균 단가를 알 수 있다. 이런 정보를 활용하는 것을 놓치지 말자. 그 밖에 고정 비용으로 월세가 있다. 공용 관리비나 월세도 주거 비용이기 때문에 먼저 자신의 소득과 목표에 맞는 적정한 수준의 주택을 구입하는 것이 정말 중요하다.

최근 들어 전세 가격이 많이 올라 집주인이 보증금의 비중을 줄이고 월세로 전환하는 반전세가 늘고 있다. 무주택자에게는 매월 고정 비용이 늘어나는 악재로 다가왔다. 그런데 개중에는 이런 분위기에 휩쓸려 스스로 더 큰 악재를 만들기도 한다. 전세금이 없어도 매월 내는 월세만 올리면 손쉽게 집의 규모를 늘릴 수 있기 때문이다. 이런 이유로 소득에 비해 과한 주택에 거주하는 게 수월해진 셈이다.

하지만 주거 비용이 쉽게 증가할 수 있다는 것에 주의해야 한다. 예전에는 자동차를 구입할 때 최소한 60~70퍼센트는 현금을 내야 했기 때문에 목돈을 모을 때까지는 쉽게 차를 사지 못했다. 그런데 지금은 어떤가? 차량의 20~30퍼센트만 있어도 장기 할부 제도가 있어 손쉽게 차를 살 수 있다. 심지어 현금이 전혀 없어도 자동차를 살 수도 있다. 돈 한 푼 없이 자동차를 사는 것과 같은 이치라 할 수 있다.

어떤 주택을 결정하느냐에 따라 월세와 전세 자금의 대출이자 같은 비용이 결정된다. 그런데 이는 주택 보유자들이 내는 주택담보대출의 이자와는 성격이 완전히 다르다. 월세나 전세 자금의 대출이자는 자산 증식에 전혀 영향을 주지 않는 그야말로 순수 비용이다. 따라서 소득 수준에 맞는 예산을 정하는 게 반드시 필요하다. 보통 잘모공이라면 최대 월 소득의 15퍼센트를 넘지 않도록 한다.

특히 막 시작하는 신혼부부라면 이 공식을 철저히 따라야 한다. 현재 반전세인 가정은 최근 들어 가파르게 상승한 집값 때문에 이 공식을 맞추기가 쉽지 않다고 하소연할 것이다. 하지만 이 공식을 지키지 않으면 더 많은 시간이 흘러도 내 집 마련은 결코 쉽지 않은 숙제가 될 것이다. 결혼한 지 10년 이내의 부부가 갖고 있는 목돈은 대부분 주택 마련을 위한 것이다. 1~2퍼센트 수준밖에 안 되는 예금에 맡기기보다 전세 보증금을 올리고 최대한 월세를 절감하는 노력이 필요하다.

잘 모이는 공식 13 각종 공과금/관리비/월세 공식

1. 100% 순수 비용의 성격이다.
2. 이 비용은 최대 월 소득의 15%를 넘어서는 안 된다.
   예시) 가계 월 소득이 400만 원인 경우 월세와 관리비, 공과금은 60만 원을 넘지 않아야 한다.
3. 만약 목돈을 가지고 있다면 최대한 보증금을 올리고 월세를 줄여라.

적정한 대출이자(원금상환 제외) 예산 만들기

각 가정마다 집을 구입하면서 받은 주택담보대출이나 전세금대출, 마이너스통장이나 신용대출에 대한 대출이자가 있을 수 있다. 주택담보대출

은 이자율이 낮고 향후 집값이 상승하면 자산 증가에 기여하는 측면이 있지만, 전세금대출이나 기타 대출은 순수 비용이라는 점을 반드시 기억해야 한다. 따라서 대출을 받을 때 신중해야 한다. 전세금대출은 원금이 보존되는 성격이지만, 마이너스통장이나 신용대출은 대출 원금이 어디론가 사라지고 마는 소비성 자금이므로 특히 소득에 비해 대출 규모가 타당한지 반드시 따져 봐야 한다.

　　마이너스통장이나 신용대출은 아주 급박한 상황이 아니면 절대 피하는 것이 옳다. 전세금대출이나 주택담보대출도 소득에 맞춰 관리해야 한다. 주택담보대출은 전체 자산의 30퍼센트 이내로, 전세금대출도 보증금의 30퍼센트 이내로 관리하는 것이 적당하다. 특히 대부분 원금이 보존되지 않는 신용대출이나 마이너스통장의 경우는 원금 상환에 대한 계획을 세우지 않은 상태에서 무작정 돈부터 쓰고 보자는 식으로 관리해서는 절대 안 된다.

잘 모이는 공식 14 **대출이자의 공식**

구분	대출 원금 보존 여부	부담 이율	관리 공식
주택담보대출	○	낮음	주택 가격 30% 이내
전세금대출	○	낮음	보증금 30% 이내
신용대출/마이너스통장	×	높음	되도록 대출을 받지 않도록 한다
현금서비스/카드론	×	매우 높음	

적정한 자녀교육비 예산 만들기

자녀교육비는 시간이 지나면서 소득이 늘어남에도 불구하고 되레 가처분 소득을 감소시키는 원인이 된다. 앞에서 언급했듯이 월급보다 사교육비가 올라가는 속도가 훨씬 빠르다 보니 소득의 많고 적음을 떠나 자녀가 중고등학교에 입학할 즈음이면 대개 소비가 소득을 추월하고 만다. 많은 사람이 그 원인을 높은 교육열 때문이라고 지적하지만, 사실 그것은 적절하지 않은 표현이다. 정확히 말하면 과도한 사교육 의존 내지는 높은 학원 의존이라는 표현이 적절할 것이다.

교육열이 높다는 것을 학원을 더 많이 보내는 것으로 착각하면 안 된다. 이런 현상은 교육에 돈만 쏟아 부으면 어느 정도 해결될 거라는 생각에서 비롯된다. 자녀교육을 학원에 떠맡기고 무작정 사교육비의 지출만 늘리는 것으로는 현재 당면한 교육 문제를 해결하기에 역부족이다. 사교육의 함정이 자녀들이 스스로 공부하는 자기 주도적인 학습이 아니라 수동적으로 강요하는 것인데, 사교육에 의존할수록 이러한 현상은 더욱 가속화될 것이다.

어려서부터 사교육보다는 자신이 학습 계획을 세우고 자기 주도형

잘 모이는 공식 15 **자녀교육비의 공식**

1. 미취학 자녀를 둔 가정의 적정 수준 : 월 소득의 5% 이내
2. 초등학생~중학생 자녀를 둔 가정의 적정 수준 : 월 소득의 15% 이내
3. 고등학생 이상 자녀를 둔 가정의 적정 수준 : 월 소득의 25% 이내

학습을 할 수 있도록 훈련하는 노력이 필요하다. 자녀가 성장함에 따라 교육비가 늘어나는 것은 어쩔 수 없지만, 자녀교육비도 철저한 예산을 세우고 운영되어야 한다는 사실은 분명하다.

변동 지출 예산 밴드 만들기

변동 지출이란 주로 외식비, 문화생활비, 레저유흥비, 쇼핑비같이 필수적인 고정 비용이라기보다는 상황에 따라 크게 변동할 수 있는 지출이다. 예산을 통해 한계 금액을 묶어 놓지 않으면 안 된다. 예산에 한계를 둔다고 해서 무조건 소비를 억제하거나 제한하는 것이 아니라 앞서 언급했듯이 우선순위가 높은 곳부터 합리적으로 쓸 수 있도록 예산을 책정해야 한다. 이런 이유로 3단계 소비 예산을 가지고 항목별로 적정한 예산을 수립해야 한다. 이번에는 적정한 생활 예산을 계획할 수 있는 방법을 소개하고자 한다. 첫째는 예산 밴드 만들기이고, 두 번째가 분기 예산 밴드 만들기다.

톱다운 top down 방식으로 예산 밴드 만들기
예산 밴드란 여러 예산 항목이 하나의 밴드로 묶여 있는 것을 말한다. 생활 예산 범위에서 고정 지출 예산과 변동 지출 예산을 순서대로 만들어 보자. 어떤 항목의 예산이 늘어나면 그만큼 다른 항목을 줄여야 하고, 반

■ 생활 예산 밴드 만들기

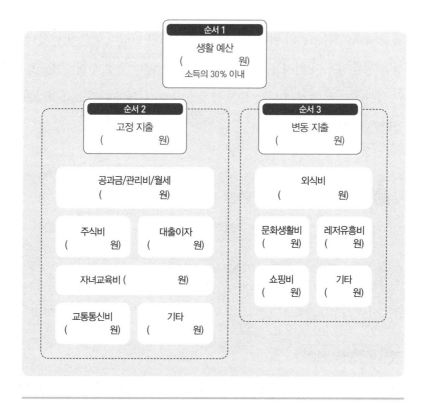

대로 어떤 항목의 금액을 줄일 수 있다면 그만큼 다른 항목의 예산을 늘려도 되는 여지가 생긴다. 이는 처음 예산을 세우거나 변경할 때 반드시 지켜야 하는 원칙이다. 먼저 생활 예산을 세우고 그다음 고정 지출, 변동 지출 순으로 예산을 정한다.

이 순서는 반드시 지켜져야 하는데, 그 이유는 예산을 만들 경우 유지하기가 쉽지 않기 때문이다. 예를 들면 쇼핑비를 늘리면 당연히 변동 지출이 늘어난다. 그런데 이때 고정 지출은 줄이기 어렵기 때문에 전체 예산인 생활 예산이 커지는 상황이 벌어진다. 이런 이유로 생활 예산처럼 큰 예산을 먼저 정하고 나서 작은 예산 순으로, 위에서 아래로 내려가는 톱다운 방식이 필요하다.

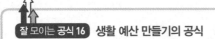

잘 모이는 공식 16   생활 예산 만들기의 공식

첫째, 생활 예산 만들기 → 둘째, 고정 지출 예산 만들기 → 셋째, 변동 지출 예산 만들기

※117쪽의 생활 예산 밴드 만들기 표를 직접 작성해 보자.
※프로세스를 거꾸로 하면 절대 안 된다.

분기 예산 밴드 만들기

생활 예산이 정해진 범위를 초과하지 않으려면, 당연한 말이겠지만 고정 지출보다는 변동 지출의 관리가 중요하다. 변동 지출의 항목은 예산 범위에서 서로 전환해서 사용할 수 있게 하고, 사용하고 남으면 분기별로 다음 달로 이월하면 효율적이다.

박수영(33세, 미혼) 대리는 변동 지출의 세부 예산을 운영하고 있다. 그녀의 쇼핑비는 매달 10만 원이다. 주로 소소한 물건을 사는 데 쓰기 때문에 예산을 다 써서 부족한 경우는 없다. 하지만 한 번씩 좋은 옷을 사고 싶을 때는 월 예산을 모아 큰돈이 나가는 물건을 산다. 만약 무이자 3개월 할부로 물건을 구입하면 한 달에 청구되는 카드값만큼 쇼핑 예산에서 차감한다. 이렇게 변동이 있는 예산이라도 분기 예산 밴드를 활용해 적절한 소비를 안배한다면 변동 지출일지라도 변동성을 크게 줄일 수 있다.

● 박수영 씨의 분기 예산 밴드

(단위 원)

	고정비	교육비	주식비	의복비	문화 생활비	외식비	예비비	합계
2015년 10월	관리비 7만 원 통신교통비 7만 원 공과금 8만 원	학원비 10만 원 스터디회비 5만 원	중식비 12만 원	10만 원	5만 원	10만 원	10만 원	
분기 예산	660,000	450,000	360,000	300,000	150,000	300,000	300,000	→ 분기 예산 밴드
이월 예산	–	–	–	185,000	60,000	-28,000	–	
당월 예산	220,000	150,000	120,000	285,000	110,000	72,000	100,000	1,057,000

이번 장에서 배운 내용을 바탕으로 새롭게 생활 예산을 조정해 보자.
1단계 – 월 소비 예산은 잘모공 11번 공식을 참고해서 계획하자.
2단계 – 고정 지출은 잘모공 12번부터 15번까지의 공식을 참고하자.
3단계 – 변동 지출은 잘모공 16번 공식을 참고하자.

1단계	2단계		3단계	예산
1단계 잘모공 11번 월 소비 예산 (원)	생활 예산 (원) 표준지수 0.3	2단계 잘모공 12~15번 고정 지출 (원)	a. 교통/통신비(유류비 포함)	
			b. 각종 공과금/관리비/월세	
			c. 대출이자(원금상환 제외)	
			d. 주식비(외식비 제외)	
			e. 자녀교육비	
			f. 기타	
		3단계 잘모공 16번 변동 지출 (원)	a. 외식생활비	
			b. 문화생활비	
			c. 레저유흥비	
			d. 쇼핑비	
			e. 기타	
	예비 예산(원)		연간 비정기 지출, 경조사비	
	미래 경쟁력 자본(KEN) 예산		학습, 경험, 네트워크	
	오아시스 예산 연간(원)		여행, 특별소비, 의류구입	
	합계			

04

내 돈을 지켜 주는
예비 예산의 공식

예비 예산이란 평소와 달리 생활 예산을 초과해 돈이 지출되는 '긴급한 상황', 즉 갑작스런 경조사나 이벤트를 대비해 언제든지 인출할 수 있는 현금을 말한다. 하지만 이때도 반드시 사용한 금액만큼 다시 채워 놓아야 하는 것이 원칙이다.

이는 1년 내내 고르게 비가 오지 않을 경우를 대비해 비가 많이 올 때 물을 모아 놓았다가 물이 부족할 때 꺼내 쓰는 저수지와 같은 역할을 한다. 예비 예산은 항상 일정해야 하는 생활 예산이 부족하거나 펑크가 나지 않도록 지켜 주는 역할을 한다. 예비 예산은 고정 지출의 2개월 치 정도를 현금으로 가지고 있는 것이 적당하다. 예비 자금이 너무 과다할 경

● 월 소비 예산 가운데 예비 예산을 짜보자

1단계	2단계		3단계	예산
월 소비 예산 (원)	생활 예산 (원) 표준지수 0.3	고정 지출 (원)	a. 교통/통신비(유류비 포함)	
			b. 각종 공과금/관리비/월세	
			c. 대출이자(원금상환 제외)	
			d. 주식비(외식비 제외)	
			e. 자녀교육비	
			f. 기타	
		변동 지출 (원)	a. 외식생활비	
			b. 문화생활비	
			c. 레저유흥비	
			d. 쇼핑비	
			e. 기타	
	예비 예산(원)		연간 비정기 지출, 경조사비	월(원)
	미래 경쟁력 자본(KEN) 예산		학습, 경험, 네트워크	
	오아시스 예산 연간(원)		여행, 특별소비, 의류구입	
합계				

우 자칫 변동 지출을 늘리는 원인이 될 수 있기 때문이다.

그런데 한 가지 주의할 게 있다. 예비 예산을 잘못 오해해서 할머니가 장롱 안에 숨겨 놓은 과자를 손자가 꺼내 먹는 것처럼 쉽게 생각해서는 절대 안 된다는 것이다. 예비 자금은 평소 돈이 모자랄 때 꺼내 쓰는 용도가 아니다. 만약 갑자기 비싼 옷이 사고 싶은데 이번 달 생활 예산으로 구입할 수 없다면 어떻게 해야 할까? 이런 경우는 예비 예산을 쓸 수 없다. 왜냐하면 의복비란 어쩔 수 없이 예비 자금을 써야 하는 '긴급한 상황'이 아니기 때문이다.

예산이 가능한 다음 달로 미루든지 아니면 연간 비정기 지출을 대비해서 만든 오아시스 예산 등 다른 예산을 사용해야 한다. 그것이 긴급한 상황에 해당된다면 지출하고 나서 다시 예비 자금을 채울 수 있는 방법을 고민해야 한다.

현명하게 예비 예산 관리하기

그렇다면 예비 예산은 어떻게 관리해야 할까? 먼저 입출금이 자유로운 별도의 계좌를 만들어 사용한다. 입출금이 자유로운 자유입출금통장이나 증권사의 CMA 계좌를 사용하면 좋다. 또한 반드시 월 소비 지출이 인출되는 소비통장과는 다른 통장을 사용해야 한다. 마이너스통장 역시 예비 자금의 통장으로 사용하면 안 된다.

예비 예산이란 실제로 현금이 들어 있는 통장을 사용해야 한다는 뜻이다. 연간 예산에서 갑작스런 경조사나 이벤트로 예비 예산을 사용하게 되면 계속해서 줄어들 수밖에 없기 때문에 평소 월 단위로 일정한 예비 예산금을 입금하는 습관을 갖도록 한다. 예를 들어 200만 원을 예비 예산으로 세웠다면 매월 최소 15만 원은 자동이체해서 예비 예산이 있는 계좌로 입금해야 한다.

이는 댐이 있는 지역은 가뭄에도 항상 풍부한 농업용수를 사용할 수 있는 원리와 같다. 댐이란 가뭄에 물을 뽑아 쓰기만 하는 것이 아니라 비가 많이 내릴 때 물을 잘 모아서 가두어 두는 기능을 한다. 이 점을 생각한다면 왜 매월 조금씩 물을 채우듯 일정 금액을 예비 자금통장으로 이체해야 하는지 알 수 있다.

실제로 경조사와 같은 비정기 지출에 대해 많은 사람이 제대로 준비하지 못해 생각보다 마이너스통장을 사용하는 사람이 많다. 앞에서도 언급했듯이 예비 자금통장을 절대로 마이너스통장으로 사용하면 안 된다. 그 이유는 첫째, 입출금이 잦은 예비 자금통장을 마이너스통장으로 사용하면 마이너스 대출을 쉽게 갚지 못한다. 둘째, 예비 예산을 초과해서 과다한 인출이 생길 가능성이 있다. 이미 마이너스통장이 있다면 그것을 대출로 인식하기 위해 월급통장이나 예비 자금통장에서 분리하고 매월 상환하는 계획을 세우고 갚아 나가야 한다.

잘 모이는 공식 17 예비 예산의 공식

1. 자유입출금통장 또는 CMA를 사용하고 절대 마이너스통장을 사용하면 안 된다.
2. 월급통장이나 소비 비용이 인출되는 통장과 분리해서 사용한다.
3. 고정 지출의 2개월 치가 적당하며(예비 예산/12) 매월 일정 금액을 자동이체로 채워 놓는다.

2016년을 돌아보며 결혼식, 돌잔치, 장례식 등 경조사에 얼마나 참석했는데 정리해 보자. 가계부를 쓰지 않았다면 꼼꼼하게 기억하지 못하겠지만 대략적인 횟수와 금액을 떠올려 1년 평균치를 구하자.

1. 경조사는 한 달에 몇 번 정도 참석했는가?   (   )번
2. 평균 경조사비로 얼마나 사용했는가?   (   )원
3. 한 달 평균 횟수를 기준으로 1년에 몇 번 정도 되는가?   (   )번
4. 1년 평균에 1회 경조사비를 곱하면 연간 얼마가 들어갔는가?   (   )원
5. 그렇다면 위의 질문을 통해 2017년 예비 예산은 얼마를 책정할 것인가?
                                                  (   )원

05

예산으로 신용카드 고민을
완전 봉쇄하다

요즘 젊은 사람들은 고개를 갸우뚱하겠지만, 불과 20여 년 전만 해도 결제 수단의 70퍼센트 이상이 현금이었다. 지금은 지갑에 지폐 한 장 없어도 소액 결제는 물론이고 모든 것이 카드로 가능하고 개인 간에도 인터넷이나 모바일 뱅크로 돈을 주고받는다. 마트에 가서 지갑에서 돈을 꺼내 물건값을 내고 잔돈을 거슬러 받는 모습이 점점 낯선 광경이 되고 있다. 그러고 보면 주변에서 동전을 못 본 지도 꽤 오래되었다.

이런 변화는 돈을 마치 게임에서 사용하는 사이버 머니처럼 느끼게 만들었다. 생활이 빠르고 편리해진 것만은 사실이지만 그런 편리함과 함께 찾아온 문제가 있느니, 바로 신용카드로 인한 과소비다. 사회적 문제가 되고 있는 신용불량자의 급격한 증가 역시 신용카드가 주범으로 지목받고 있다. 신용카드는 한때 경제위기를 겪을 때마다 경기를 정상으로 끌어올린 일등공신(?) 역할을 해왔지만 지금은 많은 사람에게 골칫거리가 되고 있다.

필자가 세미나에 참석한 사람들에게 돈 관리에 있어 가장 걸림돌이 무엇이냐고 물으면 많은 사람이 신용카드를 가장 먼저 언급하곤 한다. 왜 신용카드는 돈을 관리하는 데 방해가 되는 걸까? 체크카드나 현금은 돈을 쓰면 현재 돈이 얼마나 남아 있는지 잔액을 확인할 수 있는 시스템이다. 결제를 하기 위해 지갑에서 현금을 꺼내면 자연히 지갑 속에 남은 돈을 확인하게 된다. 체크카드 역시 잔액이 없으면 결제가 안 된다. 현금과 체크카드는 '리미티드 솔루션'Limited Solution, 즉 예산에 묶여 있는 결제수단이다.

하지만 신용카드는 돈을 쓰고 나서 나중에 확인하는 시스템이다. 내가 사용한 금액만 확인할 수 있을 뿐 예산이 없기 때문에 얼마가 남아 있는지 알 수 없다. 신용카드는 어느 정도 '언리미티드 솔루션'Unlimited Solution인 셈이다. 결국 잘모공에게는 신용카드임에도 불구하고 확실한 예산에 묶여 있는 시스템이 필요하다. 앞서 설명했듯이 예산 관리가 철저하다면 신용카드의 사용 자체는 큰 문제가 되지 않는다.

지금까지 생활 예산과 예비 예산에 대해 살펴봤다. 잘모공의 돈 관리를 분석하면 생활 예산이 매달 일정하게 사용된다는 특징이 있다. 잘모공들도 갑자기 경조사가 생길 수 있고 너무나 사고 싶은 비싼 물건이 있을 수도 있다. 그럼에도 불구하고 1년 열두 달 사용한 돈을 평균 내면 생활 예산을 넘지 않는다. 이런 생활을 가능하게 하는 것이 앞에서 살펴본 예비 예산이다. 결과적으로 예비 예산은 스스로가 운영하는 초단기 무이자 대출인 셈이다. 현재의 내가 한 달 후 미래의 나에게 돈을 잠깐 융통해서 사용하는 셈이다.

이런 시스템을 이해하면 왜 예비 예산의 돈을 갚아야 하는지 자연스럽게 이해할 수 있다. 자신이 운영하는 초단기 무이자 금융 시스템을 잘 활용하면 돈을 빌려 써도 별도의 비용이 들지 않는다. 이런 간단한 시스템을 만들지 않았다는 이유로, 우리나라에서 개인이 사용하는 초단기 대출 규모가 연간 수조 원에 이른다. TV나 인터넷을 도배하다시피 하는 인터넷 대출, 전화 대출 광고가 바로 그것이다. 대출 금액도 크지 않다. 개인에게 한두 달 신용카드 연체나 생활 자금을 빌려 주기 때문에 돈을 떼일 염려도 적다. 하지만 평균 금리는 시중에 비해 열 배나 높다.

신용카드는 초단기 대출이다

보통 수천만 원이나 수억 원을 빌릴 때는 금리에 민감하지만 몇 백만 원은 아무리 10~20퍼센트의 초고금리라 해도 당장 나가는 돈이 몇 만 원 안 되기 때문에 쉽게 생각한다. 초단기 대출이자의 규모가 1년에 수천억 원에 이른다고 한다. 이렇게 초단기 대출이 늘어나는 가장 큰 이유는 무엇일까? 바로 신용카드다.

신용카드는 아직 벌지 않은 미래의 돈을 어느 정도 마음껏 사용할 수 있게 한다. 앞서 말한 2단계 이상의 명확한 생활 예산과 예비 예산이 없으니 끝없이 돈이 모자라는 것이다. 일단 오늘 소비부터 하고 그 부담을 다음 달, 또 그다음 달로 미룬다. 이런 소비를 반복하다 보면 자신도 모르게 한두 달 만에도 초단기 대출을 하기에 이른다.

여러 이유로 신용카드는 돈 관리를 하는 데 가장 큰 적으로 애꿎은 미움을 샀다. 하지만 잘모공들에게는 신용카드가 절대 고민거리가 아니다. 오히려 현금을 사용할 때보다 더 많은 혜택과 할인이라는 기분 좋은 즐거움을 선사하는 편리한 생활 도구다. 명확한 월 예산과 예비 예산을 바탕으로 소비하기 때문에 그런 고민을 할 필요가 없다.

셀프 체크업 9 어떻게 신용카드와 예산을 관리하는가?

1. 사용하는 카드의 개수는?
   1개 ☐   2개 ☐   3개 ☐   4개 ☐   5개 이상 ☐

2. 카드의 사용 용도를 어떤 기준으로 구분하는가?
   할인이나 혜택 위주로 구분한다.   ☐
   세부 항목 예산별로 구분한다.   ☐
   특별한 기준 없이 구분해서 사용한다.   ☐
   기타 다른 기준으로 구분한다.   ☐
   (   )

3. 신용카드와 월 예산을 관리하기 위해 개선해야 할 점은 무엇인가?
   (   )

06

**박 대리의 재미있는
쓴 셈 치고 저축법**

언젠가 상담을 하면서 만났던 박현민(32세, H기업) 대리는 적은 월급에
도 일주일에 한 번은 가계부를 쓸 정도로 돈을 열심히 관리하는 잘모공
중 한 명이었다. 여행이 취미라는 그녀는 몇 차례나 해외로 배낭여행을
다녀왔고 우리나라 구석구석 웬만한 명소는 모두 가본 여행 마니아였다.

필자가 그녀를 처음 만났을 때는 여행을 좋아해서 돈을 많이 모으지
못했을 거라 생각했는데 지난 5년간 평균 연봉 3,500만 원의 60퍼센트
가까이 돈을 모아 1억 원의 여유 자금이 있었다. 저축이 가능했던 이유
로 첫째 부모님과 생활하면서 고정비를 절약했고, 둘째 절약형 여행 스
타일, 셋째 일단 저축부터 하는 선先저축 습관에 있었다. 그리고 마지막

으로 가장 중요한 것은 철저한 예산 관리라는 결론을 내렸다.

그런데 그녀는 자신만의 독특한 예산 관리와 저축 방법을 또 다른 비법이라고 소개했다. 그녀는 사회 초년생 때부터 소비 중 많은 부분이 쇼핑, 외식 등 변동 지출에서 일어난다는 사실을 깨달았다. 이런 변동 지출 중에서 아주 적은 금액이라도 절약해서 좋아하는 여행이나 1년에 한 번 자신에게 값비싼 선물을 하기로 결심했다. 그녀의 절약 방법은 인위적으로 생활 예산을 줄여서 남는 금액을 저축하는 것이 아니었다. 그럴 경우 너무 줄어드는 생활 예산으로 답답할 수 있기 때문에 다른 방법을 선택했다. 바로 '쓴 셈 치고 저축법'이다.

생활하면서 때로는 쓰기로 마음먹었던 돈이 안 나갈 때가 있는데, 그 돈을 쓴 셈 치고 생활 예산의 소비통장에서 돈을 빼내 예비통장으로 이체하는 것이다. 그러면 당연히 생활 예산에서는 돈이 줄어든다. 예를 들어 팀 회식으로 점심을 먹은 날은 식사비를 쓴 셈 치고 소비통장에서 예비 예산통장으로 이체한다. 이뿐만 아니다. 쇼핑할 때도 구입하려던 물건이 별로 필요 없다고 판단되면 산 셈 치고 그 금액을 예비 자금통장으로 이체한다.

그 순간만 지나면 돈 모으기가 쉬워진다

그녀는 이러한 패턴을 반복하면서 재미있는 사실을 하나 깨달았다고 한다. 처음에는 강렬한 소비 유혹에 넘어가 물건을 구매하기도 했지만 며칠 지나면 그러한 욕구가 금세 사라지고 물건에 대한 애착도 줄어들었다. 그래서 그다음부터는 딱 3일만 참아 보기로 했다. 실제로 그 순간의 유혹을 이겨내면 다시 그 가게를 찾아가는 게 귀찮아서 구매를 하지 않기도 한다.

그녀는 인터넷 쇼핑을 할 때도 한 번의 클릭으로 쉽게 구매할 수 있는 방법을 일부러 사용하지 않는다. 이와 비슷한 이유로 간편 결제를 도와주는 휴대폰 소액 결제도 막았다고 한다. 결제할 때마다 신용카드 번호를 하나하나 입력해야 하는 번거로움 때문에 인터넷 쇼핑도 줄일 수 있고, 그만큼 쓴 셈 치니 돈이 불어나는 경험을 한 것이다.

듣고 보니 고개가 끄덕여지는 솔루션이었다. 심지어 그 방법이 재미있게 느껴지기도 했다. 그래서 필자는 이 저축에 '쓴 셈 치고 저축'이라는 이름을 붙여 주었다. 이렇게 해서 절약한 돈이 지난 1년간 180만 원이나 되는데 해외여행을 한 번 다녀올 만큼 큰 금액이다. 그녀는 무미건조한 일상에 재미를 더하는 '쓴 셈 치고 저축법'의 장점을 이렇게 설명했다.

첫째, 자금을 모으기 위해서 생활 예산을 일부로 줄이는 고통을 감수하지 않아도 된다. 그녀처럼 생활하면서 쓴 셈 치고 또는 산 셈 치고 소비를 줄일 수 있다면 좋겠지만, 설사 그렇게 하지 못하더라도 큰 부담은 없다. 여행 자금이 모아지는 속도가 조금 더딜 뿐이다. 결혼이나 주택, 노후 자금처럼 지금 당장 정해진 목표 금액을 모아야 하는 것이 아니라 여행이나 특별한 쇼핑 비용이라면 이런 방법을 활용해 볼 수 있다.

둘째, 불필요한 지출을 줄이는 데 큰 도움이 된다. 일상에서 소비 유혹이 생길 때마다 신중하게 고민하다 보면 합리적인 소비를 할 수 있다. 우리는 언젠가부터 나를 위한 선물이라는 그럴듯한 말로 과소비를 포장하고 있다. '한 달에 한 번은 나를 위해 이 정도 소비는 할 수 있잖아.' 이렇게 느슨해진 마음으로 돈을 쓰다 보면 소비에 관대해지고, 어느 순간 예산을 훌쩍 뛰어넘어 소비가 또 다른 소비를 낳는 결과와 마주하게 된다.

그녀에게 성공한 잘모공의 자질이 엿보이는 이유는 뭘까? 그녀는 생활 예산과 예비 예산을 철저하게 관리하고 있었다. 예산 관리는 아무리 강조해도 지나치지 않는 잘모공의 대표적인 특징이다. 그녀의 쓴 셈 치고 저축이 특별한 이유는 명확한 예산이 있고 또 예산별로 확실한 구분(파티션)을 해서 관리했다는 점이다.

셀프 체크업 ⑩ 쓴 셈 치고 저축할 수 있는 기회를 찾아보자

1. 일주일에 커피는 몇 번이나 사먹고 평균 사용하는 금액은 얼마인가? (   )원
2. 그 가운데 하루라도 줄이면 한 달 동안 사먹은 셈 치고 저축할 수 있는 금액은 얼마인가?   (   )원
3. 하루 평균 점심값은 얼마나 드는가?   (   )원
4. 일주일에 하루만이라도 도시락을 싸서 아낀다면 한 달 동안 저축할 수 있는 금액은 얼마인가?   (   )원
5. 올해 계획하고 있는 여행 경비를 얼마인가?   (   )원

잘 모이는 공식, 다시 한번 기억하기!

잘 모이는 공식 10. **월 소비 예산의 공식**

정해진 예산이 없을 경우 사람들은 소비할 때마다 의구심과 불안감을 느낀다. 오히려 정해진 예산 안에서는 그런 불안함 없이 자유롭게 소비할 수 있다.

1. 세부 항목과 월 소비 예산을 명확한 금액으로 정해 놓는다.
2. 별도의 통장으로 이체하여 사용한다(파티션 나누기).
3. 별도의 예비 자금통장을 사용한다.

잘 모이는 공식 11. **생활 예산의 공식**

자신의 소득 수준에 따라 일정하게 계획된 생활 예산을 가져야 한다. 이를 제대로 지키지 못하면 저축에도 부정적인 영향을 미치기 때문에 생활 예산의 공식에 맞춰 정해 보자.

1. 미혼이나 미취학 자녀를 둔 가정의 적정 수준 : 월 소득의 20~30% 이내
2. 초등학생~중학생 자녀를 둔 가정의 적정 수준 : 월 소득의 30~50% 이내
3. 고등학생~대학생 자녀를 둔 가정의 적정 수준 : 월 소득의 60~70% 이내

잘 모이는 공식 12. **교통/통신비(유류비 포함)의 공식**

과거에 비해 통신비가 크게 늘어났으며, 소득 수준에 맞지 않는 자동차 구입 역시 과도한 교통비의 지출을 불러온다. 늘어나긴 쉬워도 줄이긴 어려우므로 처음부터 적정 기준을 설정해야 한다.

1. 100% 순수 비용의 성격이다.
2. 최대 월 소득의 10%를 넘지 말아야 한다.

잘 모이는 공식 13. **공과금/관리비/월세의 공식**

개인의 노력으로 줄일 수 있는 관리비와 공과금은 물론 공용 관리비를 내야 하는 공동주택의 경우 홈페이지(공동주택 관리정보 시스템)를 통해 꼼꼼하게 체크하는 노력이 필요하다.

1. 100% 순수 비용의 성격이다.
2. 최대 월 소득의 15%를 넘지 마라.

예시) 가계 월 소득이 400만 원인 경우 월세와 공과금은 60만 원이 넘지 않아야 한다.

3. 가지고 있는 목돈을 활용해 최대한 보증금을 올리고 월세를 줄여라.

잘 모이는 공식 14. 대출이자의 공식

대출의 성격에 따라 대출이자를 갚거나 줄이는 방법이 달라진다. 따라서 자신의 대출에 맞는 적절한 대응 방법을 모색해 보자.

구분	대출 원금 보존 여부	부담 이율	관리 공식
주택담보대출	○	낮음	주택 가격 30% 이내
전세자금대출	○	낮음	보증금 30% 이내
신용대출/마이너스통장	×	높음	되도록 대출을
현금서비스/카드론	×	매우 높음	받지 않도록 한다

잘 모이는 공식 15. 자녀교육비의 공식

자녀교육비는 모든 가정의 가처분 소득을 감소시키는 가장 큰 원인이다. 필요할 때마다 소득에서 사용하는 것이 아니라 미리 준비해야 한다.

1. 미취학 자녀를 둔 가정의 적정 수준 : 월 소득의 5% 이내
2. 초등학생~중학생 자녀를 둔 가정의 적정 수준 : 월 소득의 15% 이내
3. 고등학생 이상 자녀를 둔 가정의 적정 수준 : 월 소득의 25% 이내

잘 모이는 공식 16. 생활 예산 만들기의 공식

생활 예산은 고정 지출과 변동 지출로 이루어진다. 큰 단계부터 세부 단계로 내려가는 톱다운 방식으로 예산을 계획하면 과소비를 막을 수 있다(※프로세스를 거꾸로 하면 절대 안 된다).
첫째, 생활 예산 만들기 → 둘째, 고정 지출 만들기 → 셋째, 변동 지출 만들기

잘 모이는 공식 17. 예비 예산의 공식

예비 예산은 긴급한 상황에서 돈을 융통하는 현금성 계좌다. 예상하지 못한 경조사나 이벤트를 대비하는 예비 예산이 없다면 생활 예산에서 마이너스가 생긴다.

1. 자유입출금통장 또는 CMA를 사용하고 절대 마이너스통장을 사용하면 안 된다.
2. 월급통장이나 소비 비용이 인출되는 통장과 분리해서 사용한다.
3. 고정 지출의 2개월 치가 적당하며(예비 예산/12) 금액만큼 매월 자동이체로 다시 채워 놓는다.

제3장

삶의 질을 높이는
소비 예산 공식 2

안정된 소득이 있어야
삶의 질을 높일 수 있다

너무도 당연한 말이지만 삶의 질을 높이기 위해서는 안정된 소득이 필수다. 지금은 자산이 미래의 확실한 소득을 보장해 주지 않는 초저금리 시대이기 때문에 자산보다 확실한 소득을 만드는 일이 점점 중요해지고 있다. 소득이 있어야 소비가 있고, 소비가 있어야만 삶의 질이 확보되기 때문이다. 소득 연장의 꿈이 앞으로 삶의 질을 유지하는 데 중요한 화두로 떠오르고 있다.

작년 여름 인도네시아에서 살고 있는 지인의 초청으로 자카르타를 방문한 적이 있다. 비행기에 올라 평소에는 관심도 없던 인도네시아의 1인당 국민소득을 찾아보았더니 약 9,000달러다. 우리나라가 약 2만 7,000달러니까 수치로만 보면 우리가 인도네시아보다 세 배 정도 잘산다는 뜻이다. 순간 삶의 질도 세 배 높을까 하는 생각이 뇌리를 스쳤다.

하지만 절대 그렇지 않다는 답을 쉽게 얻을 수 있었다. 지인의 말에 의하면, 인도네시아는 임금이 낮지만 건강이 허락되는 한 오래도록 일할 수 있는 환경이라는 것이다. 또 우리 돈으로 월 200만 원 정도면 여행을 다니고 주말마다 골프를 치면서 마음껏 여가를 즐길 수 있다고 한다. 그 말에 나도 모르게 감탄사가 나왔다. 물론 국민소득이란 게 달러로 단순 비교한 숫자일 뿐, 따지고 보면 부자가 더 행복하고 돈이 적다고 반드시 삶의 질이 떨어지는 것도 아니기 때문이다.

결국 돈을 어디에 쓰는가 하는 것이 삶의 질을 결정한다. 우리가 인도네시아 사람보다 돈을 더 많이 벌지만 그들이 전혀 중요하다고 생각하지 않는 곳에 많은 돈을 쏟아 붓고 있다. 정작 자신의 여가와 행복을 위해 사용하지 못하고 있다. 경제적인 이유로, 또 바쁜 일상을 이유로 여가 생활에 많은 시간을 내지 못하는 것이 우리의 현실이다. 그렇기 때문에 그만큼 재충전이나 여가 시간이 소중할 수도 있다. 생활의 필요를 충족하는 소비 가운데 일정 부분을 잘 계획해서 재충전에 할애해야 하는 이유도 여기에 있다.

01

**시대의 흐름에 따라
달라지는 몸값의 법칙**

현재 한창 경제활동을 하고 있는 25~45세(1972~1993년 출생)는 큰 딜레마에 빠져 있다. 모든 면에서 그들의 자연스러운 학습 대상이자 롤모델이었던 부모님 세대(52~72세, 1945~1965년 출생)가 돈을 벌었던 시절과 지금의 환경이 너무나 많이 다르기 때문이다. 21세기를 살아가는 지금 세대가 부모님이 한창 활동했던 1990년대 초반과 어떻게 다른지는 몇 가지만 비교해 봐도 그 차이를 확연히 느낄 수 있다.

이자율을 보면 당시는 은행금리가 15퍼센트였으나 지금은 2퍼센트가 채 안 된다. 더 이상 자산을 통한 소득을 기대하기 어렵다는 말이다. 그럼에도 불구하고 지금의 세대는 부모님에 비해 노후가 10년 이상 길

● 부모님과 지금 세대의 차이

	부모님 세대 1945~65년생	지금 세대 1972~93년생
이자율	15%	2%
평균수명	78세	88세
경제활동 기간	25년	35년
국민소득	약 3,500달러	약 27,000달러

* 이자율 1990~91년 평균 수신금리, 평균수명과 1980년대 이후 출생자 기대 여명

어질 게 분명하다(평균수명 78세→88세). 자산은 늘어나지 않는데 경제적 부담만 크게 늘어난다는 것이다. 물론 긍정적인 면도 있다. 소득은 당시에 비해서 비약적으로 늘어났다. 1인당 국민소득은 부모님 세대에 비해 훨씬 높아졌다(국민소득 3,500달러→26,000달러). 그러나 여전히 경제적으로는 부족함을 느낀다.

그 이유는 부모님 세대에 비해 지금 세대가 훨씬 더 많은 소비를 해야 하기 때문이다. 과거에는 스마트폰도 인터넷도 없었으며 스포츠나 레저 그리고 지금처럼 여행이나 문화생활에 돈을 쓰지 않아도 되었다. 사교육비의 지출도 적었다. 어느 쪽이 삶의 질이 더 높다고 단정하기는 어렵지만 지금 세대가 과거보다 훨씬 더 많이 소비하고 있는 것만은 분명하다.

더 오래 일해야 하는 세대의 딜레마

그렇다고 이런 소비를 줄이거나 안 할 수도 없는 노릇이다. 지금 세대가 이런 악조건을 딛고 더 오랫동안 더 많은 소비를 감당해 낼 수 있는 방법은 단 하나, 더 오래 일하는 것밖에 없다. 과거 부모님 세대가 평균 25년 정도 일했다면 지금 세대는 평균 30년 아니 그 이상 소득이 있지 않으면 생존이 힘든 상황이 되었다. 세대별로 선호하는 직업을 보더라도 이런 변화가 느껴진다. 직업을 네 가지 유형으로 살펴보면 다음과 같다.

시대를 막론하고 높은 소득으로 오래 일할 수 있는 것(ⓐ)만큼 좋을

■ 네 가지 유형별 직업

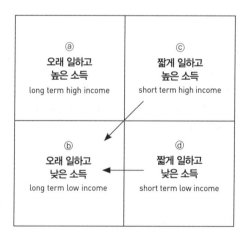

수는 없겠지만, 과거에 대체로 선호했던 직업은 일할 수 있는 기간보다는 높은 소득(ⓒ)에 초점이 맞추어져 있었다. 프로 운동선수나 연예인, 직장인 중에서도 비교적 월급을 많이 받는 대기업에 근무하는 것을 선호했다. 그도 그럴 것이 자산이 빠르게 성장할 수 있었기 때문이다. 하지만 이제는 사정이 달라졌다. ⓑ처럼 소득의 기간이 중요시되는 이유는 무엇일까?

앞서 말한 부모님 세대와 우리 세대의 달라진 환경 때문이다. 자산에서 얻을 수 있는 소득이 많이 줄어들었기 때문에 안정적인 삶이 보장되려면, 결과적으로 모든 승부는 소득이 언제까지 발생하는가에 달려 있다. 공무원 시험이 해마다 최고 경쟁률을 경신하고 있다. 경제적인 몸값이 소득의 크기가 아니라 소득의 기간에 좌우된다는 말이다. 과거에는 선호도가 ⓐ > ⓒ > ⓑ라면 현재는 ⓐ > ⓑ > ⓒ 순으로 나타난다.

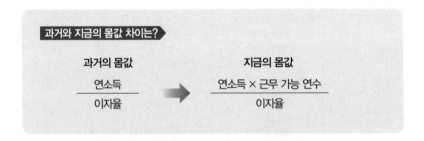

과거와 지금의 몸값 차이는?

과거의 몸값

$$\frac{연소득}{이자율}$$

지금의 몸값

$$\frac{연소득 \times 근무 가능 연수}{이자율}$$

02

**소득 연장의 꿈과
직터디족의 등장**

과거에는 많은 사람이 자신의 몸값을 높이기 위해 노력했다. 하지만 지금은 고액 연봉도 좋지만, 어떻게 하면 오랜 기간 돈을 벌 수 있을까 궁리하는 사람이 많다. 바로 소득 기간의 연장을 꿈꾸는 것이다. 직장에 다니면서 공무원 시험을 준비하는 사람이 늘어난 이유도 여기에 있다. 이제 우리는 과거에 비해 훨씬 많은 소비에 익숙해져 있고, 엄청나게 긴 노후를 보내야 하기 때문이다. 이런 노력이 이제는 생존의 공식이 되어 버렸다. 그렇다면 어떻게 소득 기간을 늘릴 것인가?

앞으로는 경제활동이 최소 35년 이상 필요할 것으로 예상된다. 세대가 바뀌면서 완전히 달라진 라이프 사이클을 보면 쉽게 알 수 있다. 한 직업으로 평생 일하기도 쉽지 않을뿐더러 한 직장에서 평생 일한다는 것은 아예 불가능해졌다. 또한 과거에는 학습 기간과 경제활동 기간이 뚜렷하게 분리되었지만 이제는 경제활동을 하면서도 끊임없이 새로운 학습을 하고 경험을 쌓아야 한다. 정년 이후에도 제2직업 또는 창업으로 경제활동의 기간을 늘리려는 성향이 뚜렷하게 관찰된다.

달라지는 직업 지도

과거에는 대부분 직장에 취직하면서 사회에 첫발을 내디뎠지만 이제는 청년창업 열풍에서 보듯 처음부터 창업에 나서는 젊은이도 많다. 소득 기간이 길어지기 위해서는 취업이든 창업이든 제1직업에서 쌓은 경험과 지식이 바탕이 되어 제2직업으로 연결되어야 한다. 제1직업에서 제2직업으로의 자연스러운 전환이 가능하도록 그에 맞는 경쟁력을 갖추는 것이 또 하나의 중요한 숙제가 되었다.

이런 사회적 변화로 등장한 것이 바로 직터디족(직장인 스터디족)이다. 직장 생활을 하면서 자신의 경쟁력을 높이기 위해 어학이나 자격증을 취득하는 등 끊임없이 공부하는 직장인이 많아졌다. 한 인터넷 영어 강좌는 '영~어가 안~되면 ** 닷컴'이라는 중독성 있는 광고로 유명해졌다. 각종 인터넷 강좌는 바쁜 직장인들의 자기계발 욕구와 취향을 제대로 저격해서 큰 성공을 거두고 있다. 이런 노력이 소득 기간을 연장하는 데 얼

■ 소득 기간의 연장 프로세스

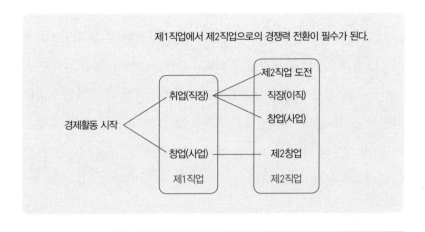

제1직업에서 제2직업으로의 경쟁력 전환이 필수가 된다.

마나 도움이 되는지 궁금하지 않을 수 없다.

먼저 직장을 다니면서 자기계발을 위해 학습하는 그 자체는 칭찬받아 마땅하다. 하지만 대부분의 사람이 하듯 천편일률적인 노력이라면 큰 도움이 안 될 수도 있다. 모두 똑같은 학원을 다니고 똑같은 자격증을 위해 매달리는 것은 자기계발이라기보다는 미래에 대한 불안감에서 탈출하고자 하는 의무감이라 할 수 있다.

공부와 학습이란 틀에서 벗어나 남들이 시도하지 않는 유니크한 분야 중에서 자신이 배우고 경험하고 싶은 것 그리고 즐겁게 오래도록 배우며 일할 수 있는 것을 찾고 도전해야 한다. 그것만이 자신만의 경쟁력을 만들어 내는 유일한 방법일 것이다.

자신의 취미와 관심을 살려야 한다

박영수(63세) 씨는 7년 전 30년간 근무한 광고회사를 퇴직하고 현재 경기도 광주에서 목공 공방을 공동으로 운영하고 있다. 10년 전 취미로 시작한 목공 일이 최근 들어 핸드메이드 원목 가구와 가구 리폼에 대한 관심이 높아지면서 제2직업으로 발전한 것이다. 그는 취미로 목공 일을 시작하면서부터 이 일이 자신의 적성에 딱 맞는다는 것을 깨달았다. 그 일이 너무도 즐겁기 때문이다.

그는 세상에 없는 자신만의 작품을 만드는 목공 일에 말로는 표현하기 힘든 크나큰 성취감을 느낀다고 했다. 그래서 그는 주말이면 목공 공방에서 살다시피 했다. 목공을 시작한 지 3년 만에 집 안의 웬만한 가구를 직접 만들고 리폼했다. 얼마 전에는 결혼한 딸 부부에게 식탁과 의자를 만들어 선물했다. 물론 평생을 일해 온 분야와 완전히 다른 일을 한다는 게 결코 쉽지는 않았다.

그가 퇴직한 시점이 막내딸이 대학을 졸업하기 전이었기 때문에 안정적인 직장으로의 이직을 포기하고 새로운 도전을 한다는 게 위험 부담도 있었다. 당시 퇴직해서 동종 업계로 이직해 몇 년간은 더 일할 수도 있었다. 하지만 그는 목공 일을 선택했으며 목공 일을 전문으로 배우는 동안 경제적으로 힘들었다. 살던 집을 팔고 작은 집으로 이사했으며, 5년 정도는 별다른 소득이 없어 퇴직금을 까먹어야 했다.

그럼에도 불구하고 박영수 씨는 제2직업은 반드시 자신이 좋아하는 분야를 선택해야 한다고 강조한다. 자신이 하고 싶고 좋아하는 일이어야만 포기하지 않고 경제적인 보릿고개도 넘길 수 있다고 조언한다.

어떤 일이든 일정 수준에 올라 경제력을 확보하기까지는 경제적으로 어려운 시기를 겪어야 한다. 이때 눈앞의 돈벌이만 추구한다면 당장 돈이 되지 않을 경우 쉽게 포기하거나 다른 일로 눈을 돌리기 쉽다. 그는 자신이 하고 싶은 일을 하면서 적지만 꾸준한 소득을 올릴 수 있어 감사하다고 말했다.

취미에서 직업 경쟁력을 찾다

이런 사례는 비단 박영수 씨한테만 국한되는 것이 아니라 거의 모든 직장인에게 해당될 것이다. 올해로 입사 5년 차인 박철곤(34세, 미혼, G건설) 씨는 입사해서부터 사내 동아리에 들어가 주말마다 익스트림 스포츠를 꾸준히 해오고 있다. 매년 두 번 정도 휴가를 내서 해외에 가서 익스트림 스포츠를 배우기도 했으며, 지금은 전문 강사로 활동하고 있다.

그동안 틈틈이 자격증을 준비해서 스카이다이빙과 프리다이빙, 스킨스쿠버까지 세 가지 자격증을 소지하고 있다. 토익이나 일반 자격증보다 훨씬 많은 시간과 비용을 쏟아 붓는 그를 걱정스런 눈으로 바라보는 사람들도 있다. 하지만 그와 직접 대화를 나눠 보니 그런 우려는 기우에 불과했다. 많은 사람이 그에게 소득이 높은 대기업에 취직했으니 무조건 오래 딱 붙어 있으라고 조언한다. 하지만 대기업이 중견기업에 비해 장기간 근무하는 게 어렵다는 것은 익히 알려진 바다.

그는 급여가 많다는 이유로 몇 년 더 직장 생활을 유지하는 것이 최소 35년 이상은 경제활동을 해야 하는 기간을 감안하면 그렇게 중요하지 않다고 생각했다. 그는 몇 년 더 안정적으로 근무하는 것도 중요하지만, 자신이 좋아하고 경쟁력 있는 무언가를 계발하고 만들어 내는 것이 필요하다고 생각했다. 당장 급하지 않더라도 제2의 창업이나 새로운 직업을 설계하는 데 새로운 시도가 절대적으로 필요하다고 설명했다.

일반적으로 국민소득이 3만~4만 달러를 넘어서면 자신이 직접 체험하는 레저와 스포츠 시장이 비약적으로 발전하고, 그에 따른 부가산업과 서비스가 폭발적으로 증가한다고 한다. 그는 그런 사회 분위기를 전망하며 앞으로의 사업 구상에 대해서도 설명했다. 경제적으로 여유가 있어 신선놀음을 하는 게 아닌가 색안경을 끼고 바라본 필자가 부끄러울 만큼 그는 미래에 대해 뚜렷한 전망을 갖고 있었다.

소비가 단순히 소비로 끝나지 않고 학습과 체험으로 이어질 수 있다면, 그것은 소비인 동시에 미래를 위한 투자이기도 하다. 당신은 미래를 위해 자신에게 얼마나 소비 아니 투자하고 있는가? 그의 말처럼 그것이 아주 긴급하지 않을 수도 있지만 정말 중요한 일임은 분명하다. 이번 사례를 통해 이 시대의 직터디족이 참고할 만한 몇 가지 내용을 정리해 보자.

먼저 직장을 다니거나 현재 하고 있는 본업이 있는데 제2직업을 준비하기 위해 많은 시간을 들인다는 것은 불가능에 가깝다. 최소한의 시간으로 오랫동안 투자해 온 경험이 켜켜이 쌓여 자신만의 노하우가 되어야 한다. 그래야 그것이 창업이든 제2직업이 되어 소득의 연장을 지탱하는 지렛대가 될 것이다.

현재 많은 직터디족이 단기간에 많은 노력과 시간을 들이기도 하는데, 이렇게 자기계발을 하면 쉽게 지칠 수 있다. 또 노력에 비해 당장 손에 잡히는 것이 없을 수도 있다. 서서히 관심을 갖고 즐겁게 할 수 있는 분야를 개발하고, 조금씩이라도 학습과 경험을 쌓아야 할 것이다.

직터디족의 자기계발 방향

1. 자신이 관심 있고 좋아하는 일이나 분야를 선택하라.
2. 경험이 쌓이면서 발전할 수 있는 분야를 선택하라.
3. 자신만의 독창적인 분야를 발굴하고 도전하라.
4. 단기간에 많은 시간과 노력을 쏟기보다 장기적으로 적은 시간과 노력으로 준비할 수 있는 것을 선택하라.

셀프 체크업 ⑪ 소득 연장의 꿈, 나는 어떤 방향으로 나아가고 있는가?

1. 내가 관심 있고 좋아하는 분야는 무엇인가?
   (   )
2. 내가 남보다 잘하는 것은 무엇인가?
   (   )
3. 현재 하고 있는 일이 1번과 2번 내용과 얼마나 일치하는가?
   (   )
4. 현재 자기계발을 위해 계획하는 것은 무엇인가?
   (   )

03

**진정한 나의 발견,
미래 경쟁력 자본 예산의 공식**

미래 경쟁력 자본KEN 예산이란 자신의 발전을 위해 지식과 경험 그리고 인적 네트워크를 형성하는 데 쓰는 예산을 말한다. 이런 이야기를 하면 많은 사람이 없던 소비를 만들어 내기 일쑤다. 건강이 가장 중요한 재산이라며 갑자기 안 하던 운동을 하기 위해 3개월에 100만 원이 넘는 PT를 신용카드로 긁거나, 6개월에 80만 원짜리 영어학원에 등록하기도 한다. 하지만 미래 경쟁력 자본 예산은 반드시 돈을 쓰라는 말이 아니다.

섣불리 돈을 쓰기 전에 먼저 이런 고민을 해보자. 직장 생활을 하면서 최소한 10년 이상 조금씩 준비해서 자기 발전을 이룰 수 있는 것이 무엇일까? 이러한 진지한 자기 검토가 선행되어야 한다. 아주 조금씩 오래도

● 월 소비 예산에서 미래 경쟁력 자본 예산을 잡아 보자

1단계	2단계		3단계	예산
월 소비 예산 (원)	생활 예산 (원)	고정 지출 (원)	a. 교통/통신비(유류비 포함)	
			b. 각종 공과금/관리비/월세	
			c. 대출이자(원금상환 제외)	
			d. 주식비(외식비 제외)	
			e. 자녀교육비	
			f. 기타	
		변동 지출 (원)	a. 외식생활비	
			b. 문화생활비	
			c. 레저유흥비	
			d. 쇼핑비	
			e. 기타	
	예비 예산(원)		연간 비정기 지출, 경조사비	월(원)
	미래 경쟁력 자본(KEN) 예산		학습, 경험, 네트워크	
	오아시스 예산 연간(원)		여행, 특별소비, 의류구입	
	합계			

록 투자해서 자신만의 경쟁력을 찾는 것이 필요하지, 몇 달 열정을 불태
우다 말아서는 안 된다.

 미래 경쟁력 자본 예산은 반드시 돈을 소비해야만 가능한 것은 아니
다. 따라서 예산이 극히 제한적이어야 한다. 이 부분에 많은 예산을 책정

할 경우 태반이 얼마 가지 못해 그만둘 확률이 높고 비용이 부담될 경우 용두사미가 되기 십상이다. 확실히 정해지지 않았다면 예산을 사용하지 않는 것이 옳다. 무언가를 배우고 학습하는 것이라면 소득의 3퍼센트 이내나 생활 예산의 10퍼센트 미만이 적당하다. 물론 커뮤니티 안에서 해결할 수 있다면 더욱 바람직할 것이다. 비슷한 학습이나 경험을 하고자 하는 공동체에 속해 있으면 학습이나 경험의 속도가 배가될 수 있기 때문이다.

지식 자본을 만드는 일

이정현(51세, G설계감리법인 임원) 씨는 현재 설계감리법인에서 감리 분야의 전문가로 일하고 있다. 그는 대기업 계열의 건설회사에서 15년간 일하고 퇴직해서 지금의 회사로 옮기게 된 계기를 점점 짧아지는 정년 때문이라고 설명했다. 그가 한창 직장 생활을 했던 10년 전만 해도 50대 후반까지 근무할 수 있었지만 지금은 사규에 명시된 정년퇴직이 현실과 너무나 동떨어져 있다는 느낌을 받는다. 50대 초반만 되어도 직장에서 슬슬 눈치가 보이기 때문이다.

2005년 자녀들이 2년간 캐나다로 유학을 갔을 때 그 역시 공부를 시작해 4년 만에 감리와 건축기술사 자격증을 취득했다. 그동안 자신이 해왔던 일과 관련 있는 분야라서 앞으로 필요하겠다는 생각도 했지만, 내심 자신의 일을 전문화하는 데 자격증이 도움이 될 거라 확신했기 때문이다. 요즘은 어렵게 딴 자격증과 경력으로 나이에 얽매이지 않고 오래도록 일할 수 있다는 자신감도 부쩍 생겼다. 그는 무엇보다 현재 자신이 하고 있는 분야에 대한 공부를 계속해야 한다고 강조한다. 자신의 전문 분야를 인정받을 수 있는 자격증의 취득이 장기적으로 봤을 때 바람직하고 반드시 필요하다고 볼 수 있다.

직장에서 업무를 통해 얻는 지식도 중요하지만 경력이 쌓이면서 저절로 쌓이는 수동적인 학습 내용만 가지고는 그 분야에서 최고 전문가가 되기 힘들다. 자신의 분야를 더욱 발전시키고 전문화하기 위한 노력은 스스로를 발전시킬 뿐만 아니라 미래의 안정된 소득을 보장하는 역할도 겸한다. 직장에서 여러 부서를 두루 경험하는 것도 필요하지만 앞으로는 특정한 분야에서 오래도록 일하면서 전문적인 지식과 실력을 쌓는 것이 경쟁력을 확보하는 데 필요하다.

지식의 의미를 살펴보면 무척 광범위하지만 직장인이 자신의 발전과 미래의 안정적인 일자리를 위해 공부하는 것이라면 그 지식이 어느 정도는 인증을 받을 필요가 있다. 끊임없는 재교육을 통해 자격증이나 졸업증 또는 수료증 같은 학습 인증을 확보하는 것도 지식 자본을 구축하는 데 필요할 것이다.

경험 자본을 만드는 일

큰 인기를 끌었던 개그맨 김병만이 출연하는 '달인'이란 개그 코너에 이런 유행어가 있었다. "해보셨어요? 안 해봤으면 말을 하지 마세요!" 누구도 직접 경험해 보지 않으면 그것에 대해 제대로 알 수 없다. 너무도 당연한 말이다. 하지만 매일매일 치열하게 하루를 살아 가야 하는 현대인이 다양한 경험을 하기란 결코 쉽지 않다.

경영자로 사업체를 운영한다면 회사의 모든 부서에서 일어나는 업무를 직접 경험할 수 있을 것이다. 하지만 분업이 잘되어 있는 큰 조직의 기업에 속해 있으면 수십 년을 일해도 자신이 담당하는 부서의 업무만 다룰 수 있다. 기업의 전체적인 흐름을 볼 수 없으니 마치 숲은 못 보고 나무만 바라보는 눈뜬 장님과 다름없다.

더욱이 2030 세대들은 책이나 인터넷을 통해 정보를 얻는 경향이 강하다. 어떤 것을 직접 체험하기에는 시간과 비용 면에서 부담이 되니 엄두가 나지 않을 수밖에 없다. 그러다 보니 실제 체험을 통한 경험보다는 얕은 정보와 지식으로 접근하기 일쑤다. 그런데 어떤 일이든 직접 뛰어들어 경험하는 것을 즐기는 사람들이 있다. 소위 말하는 행동력이 뛰어난 사람들이다. 머리로 생각만 하는 게 아니라 행동으로 옮기고 부딪치며 경험을 쌓아 가는 사람들은 그만큼 많은 경험 자본이 쌓이기 마련이다.

사실 경험 자본은 우리가 생각하듯 그렇게 거창한 게 아니다. 지금까지 해보지 않은 낯선 분야라 할지라도 관심과 흥미가 있다면 서서히 시도해 보는 것이다. '셀프 체크업 11'에서 자신에게 질문했듯이 지금 하고 있는 일과 자신이 좋아하는 일이 일치하지 않을 수도 있다. 지금 내가 하는 일에 전문성을 갖는 것도 중요하지만 평소 조금만 관심을 갖고 오랫동안 할 수 있는 일이나 취미가 있다면, 그것이 제2직업이나 창업 아이템이 될 수도 있다.

그런데 직업이 있거나 직장을 다니면서 또 다른 분야에 도전하는 게 결코 쉬운 일은 아니다. 그만큼 시간과 정성을 쏟아야 하기 때문이다. 그럼에도 자신이 꼭 한 번 해보고 싶었던 분야가 있다면, 더 이상 미루지 말고 직접 부딪혀 보길 바란다. 그 시간과 노력이 아깝지 않을 만큼 자신만의 소중한 경험이란 자본이 조금씩 쌓여 갈 것이 분명하다.

인적 네트워크 자본을 만드는 일

우리는 삶에 깊이가 더해질수록 주변과의 인간관계가 얼마나 소중한지 절감한다. '사람이 재산이다'라는 말이 인간 중심의 경영을 선언하는 기업의 슬로건 같지만 사실은 인적 네트워크의 중요성을 일컫는 것이다. 단언컨대 좋은 인간관계만큼 인생을 풍요롭게 하는 건 없다. 누구를 만나며 누구와 함께 무언가를 하느냐에 따라 그 사람의 인생이 달라지기 때문이다. 그렇다면 인적 네트워크를 자본의 개념으로 생각하고 그것을 잘 키워 나가는 것이야말로 성공하기 위한 가장 중요한 밑천이 된다.

어떤 것을 하든 좋은 커뮤니티 안에서 할 수 있다면 더 바랄 게 없을 것이다. 공동체 안에서 도움도 받고 경쟁자도 만나며 스승과 제자, 친구도 만날 수 있다. 이는 돈으로 환산할 수 없을 만큼 자신을 발전시키는 데 중요한 자본과 같다. 이런 이유로 평생을 살면서 만나는 수많은 인연 속에서 좋은 인간관계를 만들고 좋은 공동체에서 활동하는 것을 전략적으로 생각할 필요도 있다.

갈수록 경제가 어렵고 개인주의가 극심해지는 현시대에 과거처럼 혈연이나 학연이 같다는 이유만으로 아무런 동질감도 못 느끼는 모임에 나가 돈과 시간을 낭비하고 싶은 사람은 없을 것이다. 그런 사회적 모임이 전혀 필요하지 않다는 것은 아니지만, 이제는 바람직한 인적 네트워크를 만들 필요가 있다. 인적 네트워크가 좋다는 말이 더 이상 아는 사람이 많다는 것을 의미하지 않는다. 무조건 많은 모임에 나가야 한다는 것은 더더욱 아니다.

좋은 인적 네트워크와 그것을 가능하게 하는 좋은 공동체란 무엇일까? 인적 네트워크를 위한 좋은 공동체의 핵심 요소를 살펴보자.

인적 네트워크를 위한 좋은 공동체의 요건
1. 나의 발전과 성장에 도움이 되는 공동체 – 다양하고 좋은 인적 구성
2. 나와 구성원의 관심 사항을 잇는 공동체 – 인간관계 유지의 핵심 동력
3. 나의 롤모델이 리더 그룹에 있는 공동체 – 도전과 자극을 받는 공동체

단순한 친목이나 아는 사람과의 인간관계도 공동체라 할 수 있지만, 앞으로는 자신의 발전에 도움이 되는 공동체에 들어가기 위한 노력도 필요할 것이다.

셀프 체크업 ⑫ 내가 만들어 가는 미래 경쟁력 자본은 무엇일까?

1. 지식 자본 만들기
   (   )
2. 경험 자본 만들기
   (   )
3. 인적 네트워크 자본 만들기
   (   )

잘 모이는 공식 18 미래 경쟁력 자본 예산의 공식

1. 돈이 들지 않아도 가능한 체험이나 학습은 얼마든지 있다.
2. 월 소득의 3% 이내, 생활 예산의 10% 이내가 적당하다.
3. 적은 금액이지만 10년 이상 배우고 발전시킬 수 있는 취미나 관심 분야를 만들라.

04

삶을 풍요롭게 하는
오아시스 예산의 공식

사막을 여행할 때 끝없이 펼쳐지는 모래와 뜨거운 태양, 살인적인 더위는 여행자를 지치게 만든다. 이런 모든 것을 단번에 해결해 주는 곳이 있으니, 바로 오아시스다.

오아시스란 오랜 기다림에 끝에 만나게 되는 행복한 그 무엇인가에 비유되곤 한다. 현대인에게 지친 일상에서 주어진 연휴나 휴가도 오아시스가 분명하다. 일주일을 치열하게 살았다면 주말도 오아시스가 될 수 있다. 현재의 삶이 행복하고 중요하다는 것을 깨닫지 못한다면 왜 그토록 열심히 돈을 모아야 하는지도 알지 못할 것이다. 잘모공이 되기 위해 노력하는 사람은 열심히 돈만 모으는 저축 머신이나 자린고비가 아니다.

실제로 돈을 많이 모은 사람 중에는 오아시스 하나 없이 메마른 사막을 하염없이 걷는 듯 보이는 경우도 있다. 오아시스 예산이란 평소에는 누리지 못한 현재의 즐거움을 위해 일정 기간이나 간격으로 여행이나 특별한 소비를 하기 위해 필요한 예산을 의미한다. 그렇다면 오아시스 예산을 따로 관리해야 하는 이유는 무엇일까?

여행이나 특별한 이벤트 성격의 소비는 매월 발생하지 않으며 매월 발생해서도 안 된다. 1년 열두 달 반복되는 일이 아니고 두세 번 정도 있기 때문에 생활 예산에서 충당하기는 어렵다. 별도의 예산으로 정확한 한계를 두어 관리하는 것이 절대적으로 필요하다.

많은 2030 세대가 이벤트 성격의 비용에 예산이나 한계를 긋지 않고 생활하는 덕분(?)에 과도하게 이벤트 자금을 사용하기도 한다. 이런 생활 패턴이 직장 생활 초기 10년, 저축의 황금기에 큰돈을 모으지 못하게 하는 주된 원인으로 작용하기도 한다.

지나친 오아시스 자금은 독이 된다

최근 들어 지나치게 많은 오아시스 자금으로 지출을 갑자기 줄이기 어렵다며 고통을 토로하는 부부가 의외로 많다. 자녀가 없는 신혼 초에 자유롭게 여행을 다녔던 부부들이 유독 그런 어려움을 하소연한다. 오아시스 자금은 말 그대로 일상적인 비용이 아니라 가끔 써야 하는 비정기적인 지출임에도 기본 생활비나 저축 금액에 비해 지나치게 많은 여행이나 재충전 자금을 사용한다면 정말 난감하지 않을 수 없다.

김민혁(34세, H기업) 씨와 조현령(32세, H기업) 씨는 대기업에 함께 근무하는 맞벌이 부부다. 직장인 월급에는 늘 '쥐꼬리'라는 말이 따라붙지만 그런 표현이 무색할 만큼 이들 부부의 급여는 많았다. 월급 말고 연초와 여름, 명절에 지급되는 보너스와 성과급을 받을 때는 그야말로 목돈이 들어오곤 했다. 결혼 3년 차인 부부는 목돈이 들어오는 연휴와 휴가 때마다 해외여행을 다녀왔다. 아이가 없어서 자유로운 데다 두 사람 모두 여행을 좋아하기 때문이다.

사실 누구나 느끼겠지만 여행이란 게 묘한 중독성이 있어 한 번 여행을 갔다 오면 또 가고 싶기 마련이다. 여행을 가기 위해 오늘을 산다는 느낌마저 든다. 이 정도 상황이라면 부부에게 여행이나 재충전을 위한 비용은 오아시스 자금이라 보기 어렵다. 주택이나 자녀교육, 노후를 위해 허리띠를 졸라매고 팍팍한 생활을 하다가 1년에 한두 번 재충전을 위해 사용하는 오아시스 자금의 성격을 넘어선 것이다. 그렇다고 이들 부부가 전혀 저축을 하지 않는 것은 아니었다.

하지만 부부는 신혼 초에 상여금과 성과급 등 목돈이 들어오면 모두 여행 경비로 쓰자고 합의했기에 그만큼 자주 여행을 다닐 수 있었다. 부부의 연간 보너스나 상여금은 평균 1,400만 원이다. 그렇다면 월 평균 소득인 732만 원의 2개월 치에 해당하는 금액이 여행 경비로 나가는 셈이다. 필자는 이 부부를 상담하면서 지난 3년간 보너스와 상여금만 여행 경비로 사용했는지 계산해 보았다.

부부는 고정 생활비와 변동 생활비를 합쳐 월 평균 550만 원을 쓰고 있었다. 그중에서 310만 원을 저축했다. 매월 200만 원씩 정기적금에 가입해서 현재 약 7,300만 원이 되었다. 월 110만 원으로 1억 4,000만 원 전세자금대출을 지금까지 35개월 동안 상환했으니 3,850만 원의 대출을 갚았다. 부부는 지난 3년간 자산이 1억 1,150만 원 정도 늘어난 셈이다.

하지만 현재 정기적금 말고 별도의 돈이 없는 상황이라면 여행 경비에 보너스인 1,400만 원보다 더 많은 돈을 썼다는 결론이 나온다. 월 소

김민혁 · 조현령 부부의 연간 평균 지출 비용(월 소득 736만 원)

정기 소득(월급)	월 620만 원
비정기 소득(보너스)	연 1,400만 원
고정 생활비(관리비, 공과금, 의식주)	월 80만 원
변동 생활비(외식, 여가생활비 등)	월 60만 원
남편, 아내 용돈	월 70만 원
적금 및 전세금대출 상환	월 310만 원
부모님 용돈	월 30만 원

550만 원

결혼 후 부부의 자산 증가 현황

①전세금대출 상환 월 110만 원	3,850만 원
②정기적금 200만 원	7,300만 원
	1억 1,150만 원 증가

득인 620만 원과 550만 원의 차액인 월 70만 원 정도가 눈에 보이지 않기 때문이다. 70만 원씩 3년 정도면 2,500만 원이나 되는 큰돈이다. 물론 이 돈을 모두 여행 경비로 사용하지는 않았겠지만 절반 정도는 여행과 관련된 추가 경비로 지출되었다는 것을 짐작할 수 있다.

두 사람 모두 여행 경비가 과도하게 지출되는 것에 문제를 느끼고 이를 개선하고 싶다고 말했다. 부부는 내년에 자녀를 가질 계획이라고 했다. 급격히 상승한 전셋값과 집값이 이들 부부에게 위기감을 안겨 준 듯 보였다. 이 부부는 총 1억 정도를 저축했는데, 높은 연봉치고는 저축한 금액이 상대적으로 아쉽다 할 수 있다. 이런 상태가 계속된다면 아무리 연봉이 많아도 10년 안에 내 집을 마련하기란 만만치 않을 것이다.

또한 소득의 16퍼센트나 될 만큼 오아시스 자금의 예산을 과도하게 잡은 것이 가장 아쉬웠다. 그렇게 된 데에는 예산에 대한 확실한 개념이 없었기 때문이다. 그로 인해 실제로 그보다 훨씬 많은 돈을 여행이나 기타 경비로 지출했다. 이 부부의 재무 상태를 분석한 결과 어떤 결정적인 계기를 통해 적정한 오아시스 자금을 설계하는 것이 필요해 보인다.

미래와 현재의 행복을 모두 잡기

경제활동을 왕성하게 하는 시기에는 지출보다 소득이 높기 때문에 잉여 자금이 생긴다. 반면 경제활동이 중단되는 미래에는 소득은 없고 지출만 있기 때문에 자금이 부족할 수밖에 없다. 지금의 잉여 자금을 통해 보다 안전하게 미래의 부족 자금을 해결하는 방법이 저축과 투자다. 저축과 투자는 언젠가 소득이 중단되는 시점을 대비하는 것이다. 돈을 잘 모으려고 하는 이유가 여기에 있다.

이런 이유로 모든 사람이 경제활동을 하는 내내 끊임없이 잉여 자금에 대해 현재 더 소비할 것인가 아니면 미래에 소비할 것인가를 선택해야 한다. 과연 당신이라면 어떤 선택을 할 것인가? 이 질문에 대한 결정적인 요소가 바로 어떤 삶의 목표를 갖고 있느냐다. 필자는 상담을 하게되면 반드시 물어 보는 질문이 있다.

"은퇴 후에 어떤 생활을 원하는가?"

"노후에 월 생활비로 얼마나 필요할 것 같은가?"(현재 화폐 가치로)

은퇴에 대해 전혀 생각해 보지 않은 2030세대는 이런 질문을 받으면 한동안 대답하지 못하고 난감해한다. 한참을 망설이다 현실성이 없거나 아주 낮은 생활비를 답하기도 한다. 이런 식으로 대답하는 사람들은 현재 저축을 많이 하지 못하는 경우가 대부분이다. 그렇다고 현재의 삶에 많은 투자를 하는 것처럼 보이지도 않는다.

반면 높은 생활비가 필요하다고 대답하는 경우는 저축도 많이 하고 1년에 한두 번은 자신에게 보상하듯 이벤트 자금도 과감하게 사용한다. 여행이나 특별 소비를 하는 오아시스 예산도 잘 운영하는 경우다. 분명한 사실은 지금 행복한 사람만이 미래에도 행복해지려고 노력한다는 사실이다.

그렇다면 연간 오아시스 자금은 얼마가 적당할까? 많은 상담 사례를 살펴본 결과 현재의 행복을 위해 일정 부분을 이벤트 자금으로 사용해야 하겠지만, 분명 제한이 필요하며 여러 경제적인 목표와 생활 예산을 해결하기 위해서는 월 소득의 70퍼센트 이내에서 계획하는 것이 적당하다.

 **셀프 체크업 ⑬ 나의 오아시스 자금을 모아 보자**

1. 나의 오아시스 자금(여행, 이벤트 자금 등) 계획은 어떠한가?
   ① 계획적이기보다 즉흥적으로 지출하는 편이다.　　　　　☐
   ② 어느 정도 계획과 예산을 가지고 있다.　　　　　　　☐
   ③ 생활비와 분리된 계좌를 가지고 있으며 명확한 예산을 가지고 있다.　☐
   ※ ①과 ②는 바람직하지 않음

2. 나의 오아시스 자금 예산은 월 소득의 몇 퍼센트인가?
   (　　　　　　　　　　　　　　　　　　　　　　)

잘 모이는 공식 19 오아시스 예산의 공식

여행이나 특별 소비를 위한 1년 치 이벤트 예산을 말한다. 월 소득의 70% 이내로 연간 예산을 만들고 별도의 계좌에서 관리한다.

※ 만약 자금이 더 필요하면 기타 보너스나 다른 부분에서 발생하는 잉여 자금이나 별도의 저축으로 보완하는 것이 바람직하다.

05

**여행을 더욱 알차게 만드는
사전 여행**

앞서 지나치게 많은 오아시스 자금 때문에 어려움을 겪었던 부부도 있지만 그런 어려움을 슬기롭게 극복하고 오아시스 자금에 관한 예산을 규모 있게 운영하는 부부도 있다. 조동현(38세, 직장인), 김희연(38세, 공무원) 부부는 결혼해서 10년간 맞벌이를 했다. 부부 모두 비교적 시간적으로 여유가 있는 직장이라 여행 다니는 것을 가장 큰 행복으로 여기고 있다.

그런데 내 집 마련이나 자녀 계획을 세우다 보니 좋아하는 여행도 많은 제약이 따른다는 것을 깨달았다. 시간보다는 경제적인 이유에서다. 여행의 베테랑답게 패키지보다는 직접 책과 인터넷으로 정보를 찾아 항공권을 구입하고 일정을 짜서 저렴하게 즐기는 자유 여행을 선호하는데 아무리 그렇다고 해도 해외여행은 돈이 많이 들기 마련이다.

신혼 초에는 미리 연간 여행 예산을 짜놓고 여행하기로 계획했다. 일종의 부부 여행을 위한 오아시스 예산이라 할 수 있는데 예산이 아주 넉넉하지는 않았다. 부부는 여행의 횟수를 줄이고 보다 철저한 사전 준비로 여행의 만족도를 높이는 방향으로 전환했다. 부부는 짧게는 6개월에서 길게는 1년 전부터 여행을 준비한다. 그들은 이를 '사전 여행'이라고 말한다.

사전 여행이란 여행을 떠나기 몇 달 전부터 여행지에 대한 역사, 문화, 지리 등을 조금씩 공부하고 자료를 모으고 이야기를 나누는 것을 의미한다. 또 그 나라의 역사나 정보를 알기 위해 사전을 많이 찾는다고 해서 붙인 이름이기도 하다. 지난 여름휴가에도 온 가족이 터키에 다녀왔는데, 터키의 실제 여행은 9일이었지만 사전 여행은 무려 1년 전부터 계획했기에 6개월간 계속되었다.

이제 막 초등학교에 입학하는 아들과 터키에 대한 역사와 지리, 문화 등을 공부하면서 한동안 터키가 온 가족의 주된 화제가 되었다. 부부는 이것이야말로 진짜 교육이라고 생각하고 열의를 보였다. 사전 여행은 실

사전 여행의 장점
1. 장기적인 여행 계획으로 과도한 여행 횟수를 줄일 수 있다.
2. 여행 경비(항공료, 숙박비 등)를 절약할 수 있다.
3. 여행지의 역사와 문화, 명소 등에 대한 충분한 정보를 얻을 수 있다.

제 여행을 더욱 흥미롭고 재미있게 만들어 줄 뿐 아니라 관광버스를 타고 어디인지도 모르는 곳을 끌려 다니며 스치듯 하는 여행과는 차원이 다르다.

그들의 여행 이야기를 듣고 나니 필자는 문득 어떤 에피소드가 떠올랐다. 필자의 아이들이 4살, 5살 때 온 가족이 호주로 여행을 갔는데 시드니의 오페라 하우스 앞에서 아이들과 사진을 찍으며 묻고 답하기를 수차례 반복했다. "여기가 어디라고?" "오페라하우스." 필자는 수십 번을 반복하며 이 유명한 장소에 왔다 갔음을 아이들에게 기억시키기 위해 노력했지만 성장한 아이들에게는 그 기억이 없다. 단지 유명한 곳을

조동현 · 김희연 부부의 월 생활비 예산(월 소득 620만 원)

통신교통비	32만 원
각종 공과금, 관리비	28만 원
대출이자	45만 원
주식비	75만 원
자녀교육비	75만 원

고정 지출 합계 255만 원

외식생활비	40만 원
문화생활비	10만 원
쇼핑비	30만 원
연간 비정기 지출 대비 적립금	30만 원(연간 예비 자금 360만 원)
오아시스 자금 적립금	35만 원(연간 오아시스 예산 450만 원)

변동 지출 합계 145만 원

각종 저축	230만 원

눈으로 보고 느끼는 것도 좋지만 이들처럼 사전 여행을 통해 세심하게 준비하고 계획한다면 보다 뜻깊은 여행이 될 것이다.

이 부부의 오아시스 자금의 연간 예산은 450만 원이다. 그동안 이 예산으로 해외여행은 1년에 한 번, 국내 여행은 두세 번 다녀왔다. 부부 모두 특별 보너스가 없기 때문에 매월 35만 원을 오아시스 계좌에 모으고 있다. 연간 450만 원짜리 머니탱크를 별도로 운영하는 것이다. 매월 월급통장에서 오아시스 자금계좌로 자동이체되는데 특근 수당이나 여유 자금이 생길 때마다 오아시스 자금계좌에 돈을 모아서 해결한다.

그 여행을 값지게 만드는 사전 여행과 정해진 오아시스 자금계좌라는 머니탱크, 부족하지만 그 예산 안에서 의미 있고 교육적인 여행을 계획하는 이들 부부의 사례를 참고한다면 보다 합리적이고 유용하게 오아시스 예산을 계획할 수 있을 것이다.

잘 모이는 공식, 다시 한번 기억하기!

잘 모이는 공식 18. 미래 경쟁력 자본 예산의 공식

100세 시대와 맞물려 더 오랫동안 일하고 소득을 유지해야 하는 필요성이 높아지고 있다. 따라서 제2 직업을 위해 지식, 경험, 인적 네트워크를 형성하기 위해 투자해야 한다.

1. 돈이 들지 않아도 가능한 체험이나 학습은 얼마든지 있다.
2. 월 소득의 3% 이내, 생활 예산의 10% 이내가 적당하다.
3. 적은 금액이지만 10년 이상 배우고 발전시킬 수 있는 취미나 관심 분야를 만들라.

잘 모이는 공식 19. 오아시스 예산의 공식

오아시스가 있기 때문에 사막이 더 아름답듯이 우리 인생에도 충분한 휴식과 즐거움을 주고 다시 힘을 낼 수 있게 도와주는 오아시스 예산이 필요하다. 여행이나 특별 소비를 위한 이벤트 예산은 1년 단위의 예산으로 별도로 관리하고 월 소득의 70% 이내로 만들어야 한다.

제4장

생각한 대로
잘 모이는 힘,
바인딩

방향이 정확하면
속도는 문제되지 않는다

세계 최고의 축구 선수인 리오넬 메시는 축구에 전혀 관심 없는 사람들도 알 만한 최고의 스포츠 스타다. 환상적인 드리블로 여러 명의 수비수를 제치고 가볍게 차서 골을 성공시키는 모습을 보면 예술적인 플레이라는 표현이 전혀 과장이 아니다. 그런 그의 골 장면에는 다른 선수한테서는 볼 수 없는 특징이 있다. 그는 슛을 강하게 차지 않는다. 때로는 왜 저렇게 살살 찰까 하는 의문마저 들기도 한다. 대신 자로 잰 듯 정확히 골문 구석으로 향하는 슛이 많다.

그래서 골키퍼는 그의 슛에 손을 쓰지 못하고 그냥 선 채 골을 내주는 경우가 많다. 흔히 말하는 스탠딩 골이다. 그런 모습에서 우리는 메시의 축구 철학을 읽을 수 있다. 방향이 정확하면 속도는 문제가 되지 않는다는 것이다. 축구를 해본 사람들은 알겠지만 많은 사람이 항상 몸에 힘이 잔뜩 들어가 어떻게 하면 강슛을 쏠 것인지에만 관심을 갖는다. 분명한 사실은 강슛은 빗나가기 일쑤지만 정확한 슛은 반드시 들어간다는 것이다. 속도보다 방향이 중요하다는 것은 진리와 같다.

우리의 돈 관리에도 그 이론은 고스란히 적용된다. 속도는 단순히 수익률 경쟁이라고 볼 수 있다. 방향은 정확한 목표와 계획, 그것을 꾸준히 실천할 수 있는 시스템이라고 볼 수 있다. 속도 경쟁의 의미가 많이 줄어든 현재의 상황에서 무리한 속도 경쟁은 자칫 골문을 한없이 빗나가는 강슛이 될 수 있다는 말이다.

그전에 정확한 목표와 계획, 그것을 실천할 수 있는 시스템을 갖추는 것이 선행되어야 한다. 이번 장에서는 인생에 필요한 돈 모으기 중에서 가장 중요한 핵심을 찾아볼 것이다. 이를 바탕으로 자신에게 적용할 수 있는 목표와 계획을 세우고, 정확한 방향을 제시할 수 있는 의미 있는 시간이 되길 기대한다.

01

잘 모이는 공식의
핵심 요소 찾기

'돈이 커지는 원리'를 수학적으로 표현하면 이렇다. 우리가 모으는 돈은 금액과 수익률, 기간에 따라 그 값이 변화한다. 즉 이 세 가지의 함수인 것이다.

> **돈이 커지는 공식**
>
> 돈 = 금액 × 수익률 × 기간

하지만 엄밀히 말해 이것은 정확한 수학적 공식이 아니다. 단지 돈이 늘어나는 것을 개념적으로 설명한 것이다. 실제 정확한 금액을 계산하려면 세분화된 공식이 필요하다. 예를 들어 매월 일정 금액을 넣어 만기 때 원금과 이자를 받는 적금과 목돈을 한 번에 넣었다가 만기 때 원금과 이자를 받는 예금은 다른 공식이 적용된다.

하지만 돈을 모으면서 이런 공식을 하나하나 대입해 이자를 계산하는 사람은 없다. 우리가 알고 싶은 것은 수학적 공식이 아니라 어떤 원리로 돈이 모이는가 하는 것이다. 여기서 한 가지 짚고 넘어갈 것이 있다. 과연 '돈이 커지는 공식'이 곧 '돈이 잘 모이는 공식'인가 하는 문제다. 결론부터 말하면 반드시 그렇지는 않다.

돈이 커진다는 것과 돈이 잘 모인다는 것은 별개의 문제다. 돈이 잘 모인다는 것은 돈이 빨리 늘어난다는 의미일 수는 있지만 그보다는 바인딩 법칙, 그러니까 돈이 잘 묶여 있고 원하는 목적에 사용될 때까지 잘 남아 있다는 뜻에 가깝다.

아무리 빨리 돈이 불어나도 그것이 내 주머니에 남지 않고 다른 곳으로 흘러가 버리면 무슨 소용이 있겠는가? 그렇다면 진짜 '잘 모이는 공식'은 과연 어떤 모습일까? 이것을 개념 공식으로 표현하면 어떻게 될까? 이제 마이너스 금리와 재테크의 위기 속에서 똑같은 월급을 받으면서 남보다 더 빨리 돈이 불어나는 사람들, 바로 '잘모공'의 성공 열쇠가 되는 '잘 모이는 공식'을 도출해 보자.

다음은 돈이 잘 모이게 하는 여러 변수를 나열해 본 것이다. 지금부터 '잘모공'의 성공을 가능케 하는 궁극적인 변수로 딱 세 가지가 남을 때까지 상대적으로 덜 중요한 것을 하나씩 지워 보겠다. 이렇게 덜 중요한 것을 지워 나가다 보면 무엇이 남게 될까? 그것이 바로 '잘 모이는 공식'의 핵심 요소다. 당신도 직접 해보길 바란다.

돈이 잘 모이는 공식의 핵심 요소 찾기
중요한 세 가지만 남도록 순서대로 지워 나가면 무엇이 남을까?

e안전한 금융기관 f비과세 혜택 g수익률 a저축 예산

l세액공제 혜택 b명확한 목표 c소득공제 혜택 x저축 기간

d할인 혜택 j통장 관리 k금융지식 p체크카드 사용

(이상 열두 가지 변수)

첫 번째 변수를 살펴보자. 당신은 'e안전한 금융기관' 때문에 돈이 더

잘 모일 거라고 생각하는가? 내가 돈을 맡긴 금융기관이 갑자기 파산한다면 그야말로 낭패다. 전혀 영향이 없다고 할 수는 없지만 각 금융기관의 안전성에 큰 차이가 없는 상황에서는 핵심적인 변수가 아닌 것만은 분명하다. 이 변수는 지우도록 한다.

e 안전한 금융기관

둘째 'p체크카드 사용'과 'd할인 혜택'이다. 많은 사람이 돈을 쓰고 나중에 확인하는 신용카드보다 돈을 쓰면서 바로 확인 가능한 체크카드가 돈을 관리할 때 도움이 된다고 믿고 있다. 어느 정도는 사실이다. 또 체크카드를 사용하면서 얻는 할인 혜택이나 부가 서비스도 있을 수 있다. 하지만 이것 역시 돈이 잘 모이는 핵심적인 내용이라고 보기는 어렵다. 이두 가지 변수도 지우도록 하자.

p체크카드 사용 d할인 혜택

셋째로 'f비과세 혜택', '1세액공제 혜택', 'c소득공제 혜택' 등 각종 세제 혜택을 챙기는 것이다. 현재 월 100만 원씩 연 1.5퍼센트로 1년 정기적금을 넣을 경우 1년 후 지급 받는 이자에 부과되는 이자 소득세는 1만 5,000원 정도다. 이런 금융 상품에 붙는 세금을 줄이거나 면제해 주는 것이 세제 혜택의 금융 상품이다(개인연금저축, 청약저축, ISA종합자산계좌 등). 물론 장기적으로 보면 금액이 커질 수도 있지만 역시 '잘모공' 성공에서 핵심 요소는 아니다. 이 세 가지 변수도 지우겠다.

~~f비과세 혜택~~ ~~l세액공제 혜택~~ ~~c소득공제 혜택~~

이제 열두 가지 변수가 절반인 여섯 가지로 줄어들었다. 다음 'j통장 관리'와 'k금융지식'이다. 잘모공들은 저축 예산과 소비 예산 그리고 예비 자금, 비정기적인 지출 등을 용도에 맞춰 여러 통장으로 나누어 사용한다. 이것은 불필요한 지출을 막고 돈을 계획적으로 사용하는 데 도움이 되기 때문이다.

하지만 'a저축 예산'이나 'b명확한 목표'만큼 중요한 요소는 아니다. 또한 'k금융지식'도 과거처럼 수익률의 차이에서 성공과 실패를 나누는 절대적 기준은 되지 않는다. 따라서 'a저축 예산'과 'b명확한 목표'보다 더 핵심적인 변수라고 주장하기는 어렵다.

~~j통장 관리~~ ~~k금융저식~~

이제 핵심적인 변수가 네 가지만 남았다. 공식을 완성하기 위해 마지막으로 하나를 더 지워야 한다. 과연 당신이라면 무엇을 지우겠는가?

y = (a저축 예산, b명확한 목표, x저축 기간, g수익률)의 함수

지금까지 우리는 꽤 오랫동안 '재테크는 곧 수익률'이라는 믿음을 갖고 있었다. 수익률은 우리나라가 근대화되기 시작한 이후부터 지난 2000년대 초까지 약 60년 동안 '돈 모으기'에 있어 가장 중요한 변수였다. 하지만 2000년대 들어 본격적으로 초저금리와 저성장 시대에 들어서면서 많은 것이 달라졌다. 지금 세대는 과거와는 확연히 다르다. 딱 세 가지 변수만 남겨야 한다면 이론적으로는 절대적이지만, 현실적으로는 중요도가 매우 낮아진 'g수익률'을 지워야 한다. 이제 단 세 가지 변수만 남았다.

$$y = (a저축\ 예산,\ b명확한\ 목표,\ x저축\ 기간,\ g수익률)의\ 함수$$

돈이 잘 모이는 공식은 돈이 커지는 공식과는 차이가 있다는 사실을 알 수 있다. 첫 번째 변수는 얼마나 높은 수익률로 저축을 하느냐가 아니라 현재 상황에서 얼마나 많은 저축 예산(일정 기간 저축액, 원금)을 가져갈 수 있는가에 달려 있다. 저축 예산의 중요성은 아무리 강조해도 지나치지 않는다. 저축 예산은 저축을 하는 그 자체가 되기도 하지만 소비를 억제하는 효과도 있기 때문이다.

당신은 앞으로 소비를 줄이고 남는 돈으로 저축을 더 하겠다고 다짐했다. 그런데 필자의 경험으로 당신이 생각한 대로 그 계획이 잘 진행될 가능성은 매우 낮다고 본다. 열에 아홉은 저축을 늘리기 위해 소비부터 먼저 줄인다는 야무진 계획을 세우지만 대부분 실패한다. 먼저 저축부터 시작하길 바란다. 그래야만 소비가 줄어들기 시작한다.

　또한 저축액을 늘리고 소비를 줄일 수 있도록 동기를 부여하는 명확한 목표와 그 목표로 인해 늘어나는 저축 기간이 두 번째와 세 번째 핵심 변수이다. '잘 모이는 공식'을 완성하는 이 세 가지 요인은 예산과 목표 그리고 기간이다.

돈이 잘 모이는 공식
돈을 잘 모으기 위해서는 세 가지 요소를 체크하라!
첫째 저축 예산, 둘째 명확한 목표, 셋째 저축 기간이다.

돈의 그래프가 삼각형에서
사각형으로 변하다

이제 세 가지 핵심 변수로 개념 공식을 만들어 보자. 첫째는 'a저축 예산'이다. 자신의 소득에서 얼마만큼 저축하는지는 매우 중요하다. 또한 저축을 정기적으로 할 때 한번 정해지면 이 값은 좀처럼 변하지 않는다. 그래서 변수라기보다는 항상 같은 값을 갖는 상수다. 최소한 정해 놓은 'a저축 예산'만큼은 일단 깔고 시작하는 셈이다.

예를 들어 어떤 사람이 저축 예산으로 100만 원으로 잡았다면 1년이면 1,200만 원, 2년이면 2,400만 원은 최소한 확보되는 셈이다. 향후 이 돈이 어떤 변수에 의해 얼마나 가파르게 원금 이상 불어날 것인가는 그 다음 문제다. 그래서 저축 예산은 그 자체가 모이는 돈과 같다. 예산이 곧

$$① \ y = a$$

돈   저축 예산

저축 금액 그 자체가 된다.

둘째 변수는 'b명확한 목표'와 'x저축 기간'이다. 이 중 'b명확한 목표'는 왜 저축을 해야 하는지에 대한 목표가 얼마나 명확한지 나타내는 동시에 얼마나 높은가도 나타낸다. 대부분 목표가 높을수록, 목표가 명확할수록 돈이 다른 용도로 흘러가거나 잘못 사용되는 경우가 줄어든다. 이는 돈을 한곳에 묶어 'x저축 기간'을 증가시키는 결과를 가져온다.

목표가 명확하면 'x저축 기간'이 길어지는데, 이를 바꿔 말하면 목표가 명확하다는 뜻이다. 결과적으로 'b명확한 목표'와 'x저축 기간'은 상호 시너지를 일으키는 변수인 것이다. 이를 곱셈으로 표현할 수 있으며, 명확한 목표가 돈을 모으는 데 있어 돈이 불어나는 기울기를 결정한다.

$$② \ y = bx$$

돈   목표와 기간의 시너지

잘 모이는 공식의 수학적 표현은 ①과 ②를 합한 것으로 그 결론은 다음과 같다.

① + ②, 즉 $y = a + bx$

돈   저축   명확한 목표와
예산   기간

그런데 이 공식이 어디서 많이 본 듯하다. 중학교 1학년 수학에 나오는 1차 방정식으로 y는 a와 bx의 함수다. 상수 a는 절편이라고 하고 bx는 직선의 기울기를 나타낸다. 쉽게 말하면 a는 y축 선상에서 얼마나 높은 지점에서 시작할 것인가를 결정하는 값이고, bx는 a에서 시작된 선이 얼마나 가파른 속도로 올라가는지를 결정하는 기울기가 된다. 이를 저축으로 설명하면 돈 모으기(y)는 저축 예산(a)을 그 원금으로 깔고 그곳에

■ 돈 모으기의 기본 그래프

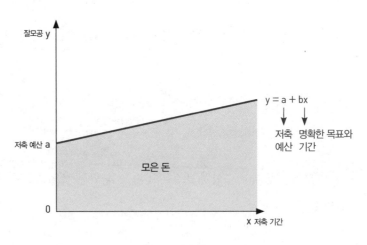

182

■ 과거 성공 모델 : 삼각형 저축

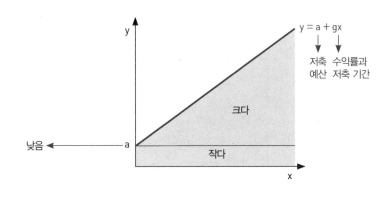

서부터 시작해 명확한 목표(b)에 의해 저축 기간(x)에 따라 얼마나 가파
르게 늘어날지 결정된다.

과거에는 수익률이 높은 상품에 대한 투자가 가능했기 때문에 돈이
불어나는 기울기에 가장 큰 영향을 주는 것이 지금처럼 명확한 목표나
저축 기간(bx)이 아니라 수익률과 저축 기간(gx)이었을 것이다. 과거 돈
모으기에 성공한 모델은 위와 같은 삼각형 모양이었다. 원금인 저축 예
산이 적었어도 수익률의 기울기로 큰돈을 만들 수 있었다. 삼각형의 면
적이 사각형보다 훨씬 크다.

하지만 지금은 사정이 달라졌다. 기울기에 가장 큰 영향을 주는 수익
률 자체가 매우 낮다. 심지어 중요한 핵심 변수에서마저도 제외될 정도
다. 그보다는 명확한 목표로 돈을 잘 묶을 수 있는 바인딩 효과가 중요해

■ 현재 성공 모델 : 사각형 저축

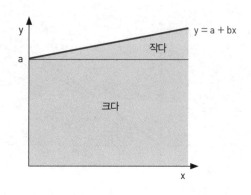

졌으며 기울기에 가장 큰 영향을 주게 되었다. 지금의 성공한 돈 모으기 모델은 이런 모양이다. 위의 그림과 같이 삼각형보다 저축 예산에 의해서 결정되는 사각형의 그림이 훨씬 더 크다.

　핵심 공식에서 확인했듯이 제4장에서는 가장 중요한 저축 예산(a)에 대해 다룰 것이다. 어떻게 하면 생활하는 데 큰 무리 없고 불편함 없이 많은 저축 예산을 확보할 수 있을까? 이 책의 핵심 내용이라 할 수 있으니 주목하길 바란다.

> **수학적 표현 y = a + bx**
> 잘 모이는 공식은 저축 예산의 크기와 높고 명확한 목표에 의해 결정된다.
> 결국 잘 모이는 공식이란 저축 예산과 목표의 함수인 것이다.

03

저축 예산의 공식,
그래비티의 법칙을 상기하라

앞서 돈이 '잘 모이는 공식'을 도출해 보았다. 잘모공이란 수익률의 차이가 아니라 저축 예산, 즉 일정하게 얼마나 저축하느냐의 문제가 가장 중요하다는 사실을 재차 확인했다.

지금은 저축은행과 시중 은행의 금리 차이가 크지 않지만 2011년 저축은행 사태 이전에는 저축은행이 1~2퍼센트가량 더 높았다. 당시 직장인이었던 양현정(33세) 씨는 100만 원을 적금하면서 높은 금리를 받기 위해 은행을 알아보던 중 경기도에 딱 하나밖에 없다는 모 저축은행을 찾아냈다. 일부러 그곳까지 찾아가 시중 은행보다 2퍼센트 높은 당시 4.7퍼센트로 1년짜리 적금에 가입했다.

그녀는 시간과 교통비를 쓰더라도 이런 노력을 하는 것이 저금리 시대를 이겨내는 지혜라고 생각했다. 1년 후 만기 금액은 시중 은행에 비해 11만 원이 더 나왔다. 그녀는 1년 후 아무 문제없이 만기금을 찾았다. 하지만 그로부터 1년 후 불거진 일부 저축은행 부실 사태로 수조 원의 손실금이 생겼고 많은 가입자가 크나큰 피해를 입었다. 당시 피해자들은 조금이라도 더 높은 수익률을 위해 저축은행을 거래했지만 2퍼센트의 초과 수익률치고는 너무도 혹독한 대가를 치러야 했다.

사실 2퍼센트 초과 수익률은 전혀 무시할 수 있는 수준은 아니지만 위의 경우처럼 11만 원 정도의 자투리 금액이라면 굳이 위험을 감수하면서까지 고금리를 찾는 것은 한 번쯤 생각해 볼 문제다. 월 불입액을 8,300원 정도만 더 납입하면 만기금이 똑같아지기 때문이다. 100만 원을 저축하는 사람이라면 8,300원 많은 월 100만 8,300원을 불입하지 못할 리 없다. 이 정도의 초과 수익이라면 수익률에 신경 쓰며 리스크를 부담하기보다 불입액에서 자투리 금액을 올려 커버하는 게 현명할 수도 있다. 물론 이것은 자신이 어떤 결정을 하느냐의 문제일 것이다.

월 소득 대비 얼마나 저축해야 할까

이제 월 소득에서 얼마나 저축하면 좋을지에 대한 해답, 즉 저축 비율에 대해 알아보자. 저축액은 소비 예산을 제외하고 남은 금액이다. 거꾸로 생각하면 번 돈에서 저축하고 남은 돈은 결국 다 쓰게 된다는 말이다. 연령대를 막론하고 거의 모든 직장인이 필자와 상담할 때 이런 질문을 한다.

"월급의 몇 퍼센트를 저축해야 하나요?"

이해를 돕기 위해 편의상 소비 예산을 먼저 다루었지만, 사실 저축액을 먼저 정하고 나서 그에 맞춰 소비 예산을 결정하는 것이 맞다. 필자가 상담하면서 만난 많은 사람이 월급이 적을 때보다 월급이 더 많아지는 미래에 저축을 더 많이 할 수 있을 거라 생각한다. 과연 그럴까? 결론부터 말하면 절대 불가능하다.

한 달에 300만 원을 버는 사람이나 3,000만 원을 버는 사람이나 결혼한 지 15년이 지나면 저축을 못하기는 매한가지다. 300만 원을 버는 사람이 저축을 못하는 것은 이해되지만 3,000만 원이나 벌면서 저축을 못한다는 건 사실 이해하기 어렵다. 그렇다면 그 이유가 뭘까?

3,000만 원을 버는 집은 자가용을 두 대 이상 굴린다. 그것도 값비싼 수입차일 확률이 높다. 사는 곳도 집값이 최고 비싼 동네일 것이다. 결정적으로 소득이 이쯤 되면 자녀들이 대부분 유학을 가서 대한민국에 없다. 소득이 높아질수록 소비가 높아진다는 것은 누구나 다 아는 상식이

저축 예산의 크기
소득이 올라가면 서서히 저축을 늘리겠다는 생각을 할 수 있지만 현실적으로는 불가능하다.

다. 소득이 올라갈수록 저축을 늘리겠다는 생각은 아예 불가능하다는 것을 명심하길 바란다.

필자가 지난 10년 넘게 900명 이상을 관찰한 경험적인 통계를 바탕으로 했으니 100퍼센트 믿어도 좋다. 저축 금액을 그대로 유지한다 하더라도 저축률은 계속 떨어질 수밖에 없고 필자는 이런 현상을 '저축률 그래비티의 법칙'이라고 이름 붙였다. 벌이가 웬만큼 괜찮아도 자녀가 고등학생 이상이면 저축률은 절대 20~30퍼센트를 넘지 못한다. 그럴 수밖에 없는 이유는 소득이 높아질수록 고정 지출이 늘어나기 때문이다.

이제 막 사회생활을 시작한 경우는 버는 돈이 적더라도 고정 지출의

■ 저축률 그래비티의 법칙

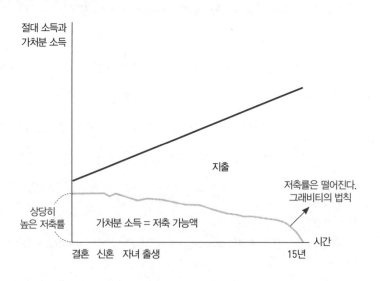

비중이 낮다. 하지만 결혼하고 자녀를 키우게 되면 버는 돈에서 교육비나 주택비 등 고정 지출이 차지하는 비중이 자꾸만 늘어날 수밖에 없다. 절대 소득은 늘어날지라도 내가 마음껏 사용할 수 있는 돈인 가처분 소득은 오히려 소득이 높아질수록 계속 낮아진다는 말이다.

앞서 설명했듯이 결혼해서 15년을 저축의 황금기라 부르는 이유가 여기에 있다. 이 골든타임을 놓쳐 버리면 인생에서 돈 관리에 성공하기가 쉽지 않다. 그렇다면 저축 예산은 어떻게 잡을 것인가? 아니 얼마나 잡아야 할까? 188쪽의 그래프를 보면 미혼이나 결혼 초는 절대 소득이 낮을지 몰라도 마음만 먹으면 저축 가능한 금액이 많다는 것을 알 수 있다.

많은 사회 초년생이 처음 돈을 벌기 시작하면 상당히 높은 저축률로 시작할 필요가 있다. 소득이 올라가면 그에 따라 소비도 올라갈 수밖에 없기 때문이다. 처음부터 상당히 높은 저축률로 시작하지 않으면 나중에 저축률이 올라간다는 것은 기대하기 어렵다. 이런 이유로 그래비티의 법칙을 극복하기 위해서라도 골든타임을 놓쳐서는 절대 안 된다.

> **저축 예산의 포인트**
> 사회 초년생은 처음 소득부터 상당히 높은 저축률로 시작하는 것이 중요하다.

이제 막 사회에 첫발을 내딛은 젊은이가 있다. 첫 번째 소득이 월 200만 원이다. 매년 소득이 5퍼센트씩 올라간다고 가정해 보자. 반면 소비는 이보다 두 배인 매년 10퍼센트씩 증가한다(소득에 비해 소비가 올라가는 속도가 두 배나 높다는 가정은 굳이 이유를 설명하지 않아도 충분히 공감할 것이다). 그렇다면 처음 소득부터 상당히 높은 저축률로 시작할 때와 그렇지 않을 때 어떤 차이가 나는지 확인해 보자. 상당히 높은 저축률로 시작한다면 언제까지 저축할 수 있을까? 그리고 평범한 저축률이나 처음부터 저조한 저축률로 시작한다면 얼마나 저축할 수 있을까?

그 결과는 당신이 상상한 그 이상이다. 아주 힘들지만 처음부터 상당한 저축률 70퍼센트로 시작한 경우는 저축 가능 기간이라고 말한 결혼 후 15년을 넘어서 최고 26년간 저축할 수 있다는 계산이 나온다. 저축 누계도 15년 시점에 원금만 3억 원이 넘는다. 반면 평범한 저축률 50퍼센트로 시작할 경우 돈을 벌고 3년 후 결혼한다고 가정하면 15년 차부터, 결혼 후 12년 차부터 저축이 아예 불가능해진다(191쪽 표 참고). 저조한 저축률 30퍼센트의 경우는 8년 차부터 마이너스가 나기 시작한다.

물론 1차원적인 단순 비교라고 생각할 수 있을 것이다. 하지만 이 시기를 지나온 수많은 사람의 경험에 의하면 이런 결과는 절대 과장이 아니다. 놀라울 정도로 딱 들어맞는다. 이제 최초 저축 예산이 얼마나 중요한지 다시 한 번 확인된 셈이다. 여기서 한 가지 생각해 보자. 이 두 가지 사례에서 볼 때 평범한 저축률로 시작한 사람이 높은 저축률로 시작한 사람에 비해 엄청나게 높은 삶의 질을 누렸다고 생각하는가? 필자가 지금까지 상담해 온 바로는 반드시 그렇지도 않다.

소비가 많을 경우 알게 모르게 우선순위가 한참 떨어지는 소비도 많

저축 황금기의 저축률 기준

(단위 만 원)

구분		구분	1년차	2년차	3년차	4년차	5년차	6년차	7년차	8년차	9년차	10년차	11년차	12년차	13년차	14년차	15년차
상당히 높은 저축률 70%	월 소득	200	210	221	232	243	255	268	281	295	310	326	342	359	377	396	416
	월 소비	60	66	73	80	88	97	106	117	129	141	156	171	188	207	228	251
	월 저축액	140	144	148	152	155	159	162	164	167	169	170	171	171	170	168	165
	저축 누계	1,680	3,408	5,183	7,003	8,866	10,769	12,710	14,684	16,687	18,712	20,754	22,804	24,855	26,895	28,912	30,894
평범한 저축률 50%	월 소득	200	210	221	232	243	255	268	281	295	310	326	342	359	377	396	416
	월 소비	100	110	121	133	146	161	177	195	214	236	259	285	314	345	380	418
	월 저축액	100	100	99	98	97	94	91	87	81	74	66	57	45	32	16	-2
	저축 누계	1,200	2,400	3,594	4,775	5,935	7,066	8,156	9,195	10,168	11,062	11,859	12,540	13,084	13,467	13,662	13,638
저조한 저축률 30%	월 소득	200	210	221	232	243	255	268	281	295	310	326	342	359	377	396	416
	월 소비	140	154	169	186	205	225	248	273	300	330	363	399	439	483	532	585
	월 저축액	60	56	51	45	38	30	20	9	-5	-20	-37	-57	-80	-106	-136	-169
	저축 누계	720	1,392	2,005	2,547	3,005	3,362	3,602	3,706	3,650	3,412	2,964	2,276	1,313	39	-1,589	-3,618

이 숨어 있기 때문이다. 맨 처음 소득이 있고 15년이 지나서 이들의 저축 누계는 이자나 수익을 제외하고 순수 원금만 두 배 이상 차이가 난다 (3억 894만 원 대 1억 3,638만 원). 결과적으로 많은 잘모공은 지금까지 설명했듯이 처음 돈을 벌 때부터 저축 예산이 높았던 것이 분명하다.

저축 예산은 자신의 목표에 따라 달라져야 하겠지만 소득이 높아지고 시간이 지남에 따라 낮아지는 점을 감안하면 결혼 후 15년의 저축 황금기에 반드시 지켜야 할 저축률이 있다.

● 저축 황금기의 저축률

구분	미혼 시절	결혼 후 5년까지	결혼 후 6~10년	결혼 후 11~15년
소득 대비 저축률(%)	최저 60% ~최고 80%	최저 50% ~최고 70%	최저 40% ~최고 60%	최저 30% ~최고 50%

이제 당신도 자신의 저축액을 정해 보자. 월 소득 대비 현재 얼마를 저축하는가? 앞으로 지켜야 하는 저축 예산은 얼마인가?

1. 현재 가계의 소득 대비 저축률은 얼마인가?

    (월 저축 예산(원) ÷ 연간 평균 월 소득(원)) × 100 = 저축률(   )%

    ※연간 평균 월 소득이란? 매월 발생하는 월 소득에 연간 상여금과 보너스 합계
    를 12분의 1로 나누어 더한 금액

    ※이는 연간 총소득 대비 저축률을 계산한 것이다.

2. 저축 황금기의 저축률과 얼마나 차이가 나는가? 차이가 있다면 그 원인은 무엇인
    가?

    (   )

3. 새로운 저축 예산을 세워 보자.

$$\frac{\text{월 저축 예산(} \qquad \text{원)}}{\text{연간 평균 월 소득(} \qquad \text{원)}} \times 100 = \text{저축률(} \qquad \text{)\%}$$

 **잘 모이는 공식 20 저축 예산의 공식**

1. 최초의 저축 예산은 시간이 갈수록 낮아질 수밖에 없다(저축률 그래비티의 법칙).
2. 최초의 저축률이 높지 않으면 소득이 늘어나도 저축액을 늘리기 어렵다.

04

**통장 정리의 공식,
세 개의 필수 계좌와 알파 계좌**

요즘 들어 TV를 보면 셰프들이 요리하는 프로그램이 인기를 끌고 있다. 음식을 맛있게 만드는 것도 중요하지만, 보기에 좋은 떡이 먹기도 좋다고 음식을 어떤 그릇에 담아 어떻게 플레이팅하느냐도 음식 맛 못지않게 중요하다. 와인을 멋진 와인잔이 아니라 막걸리 사발에 담아 마신다면 제대로 된 와인 맛을 느끼기 어려울 것이다. 많은 경우 형식이 내용을 지배한다. 돈도 마찬가지다. 똑같은 돈이라도 어느 주머니에 담느냐에 따라 돈의 성격이 달라질 수 있다.

몇 날 며칠 아르바이트를 하면서 고생해서 번 돈은 함부로 쉽게 사용하지 못하지만 뜻하지 않게 생긴 돈은 쉽게 주머니에서 나가게 된다. 같은 돈이지만 돈을 대하는 태도가 상황에 따라 많이 다르다는 말이다. 이를 두고 행동경제학자는 사람이 돈을 구분해서 생각하기 때문이라고 말한다.

세 개의 필수 계좌 만들기

어디에 속해 있는 돈인가에 따라 마음속으로 생활비, 유흥비 등 미리 심리적인 칸막이를 둔다는 말이다. 같은 돈이라도 어떤 회계장부에 속해 있는지에 따라 쓰임새가 180도 달라진다. 이처럼 같은 돈을 전혀 다르게 인식하는 비합리적인 행동을 돈 관리에 이용하는 것이 바로 계좌 나누기다. 이는 통장을 어떻게 사용하는가가 돈 관리에서 정말 중요하다는 것을 의미한다.

앞서 음식을 어떤 그릇에 담는지가 중요하다고 말했는데, 통장이 돈을 담는 그릇과 같은 도구의 역할을 하는 것이다. 어떤 통장에 돈을 담느냐에 따라 그 돈이 어디에 사용되는지 결정되기도 한다. 통장, 그러니까 계좌가 돈의 성격을 좌우한다는 말이다. 그렇다면 계좌(통장)를 몇 개나 가지고 있어야 할까? 월 소득으로 생활하는 사람은 세 개의 필수 계좌와 다수의 선택 계좌(알파 계좌)를 가지고 있어야 한다. 세 개의 필수 계좌는 다음과 같다.

첫째, 모 계좌는 수입이 들어오는 통장을 의미한다. 직장인은 월급통

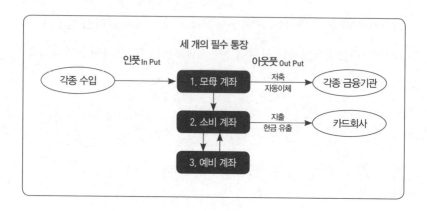

장이 될 것이고 자영업자라면 주거래 계좌가 된다. 맞벌이인 경우는 수입이 하나로 모아지는 경제권을 가지고 있는 사람의 통장이다. 이 통장은 필요한 소비 예산을 소비통장으로 보내고 저축액은 각 금융기관으로 자동이체한다. 따라서 평상시에는 잔고가 항상 제로여야 한다(잔고를 항상 0원으로 유지해야 한다).

둘째, 소비 계좌는 소비 예산이 매월 입금되어 그 범위 내에서 현금을 인출하거나 신용카드 또는 체크카드 대금이 결제되는 통장을 의미한다. 소비할 금액이 모여 있는 통장이므로 평상시 잔고는 '0 〈 잔고 〈 월 소비 예산'이어야 한다.

셋째, 예비 계좌는 월 고정 지출금에 2~3개월 치 정도의 현금이 들어 있는 통장이다. 소비통장에서 돈을 송금 받고 필요에 따라 소비통장으로 돈을 송금하기도 한다.

이들 세 개의 필수 계좌는 매월 정해진 동일한 현금 흐름을 가져야 한다. 항상 돈이 고르게 저축되고 고르게 소비되어야 한다는 의미다. 저축 예산이란 한번 정해지면 변하지 않기 때문에 당연히 일정할 수밖에 없다. 하지만 아무리 소비 예산을 일정하고 고르게 사용하기 위해 노력해도 불규칙한 지출이 생길 수밖에 없다. 그런 경우를 대비해 예비 계좌에 예비금을 두고 위급한 상황에 대비하는 것이다. 그런데 예비 계좌가 있음에도 불구하고 필수 통장 세 개의 현금 흐름을 초과할 정도로 큰 현금 흐름은 어떻게 해야 할까? 이런 상황에 대비해 개인에 따라 다양한 선택 계좌를 만들어 사용하는 것이다.

어떤 계좌가 더 필요할까

이제 선택 계좌에 대해 알아보자. 말 그대로 선택 계좌이므로 각자 필요에 따라 만들어 사용하면 된다. 선택 계좌란 매월 발생하지는 않지만 불규칙하게 나가는 소비나 이벤트를 대비해 별도의 돈을 모아 놓는 통장을 말한다. 예컨대 여행이나 기념일 등 값비싼 물건을 쇼핑하기 위한 오아시스 계좌 또는 몇 년 뒤 있을 집안 행사를 위해 매달 돈을 모으는 별도의 계좌를 의미한다. 이 돈은 몇 년 안의 소비를 전제로 하기 때문에 저축 예산과는 엄격히 분리해야 한다. 결과적으로 이것은 저축이 아니다.

그렇다면 필수 계좌 말고 별도의 선택 계좌를 만들어야 하는 이유는 무엇일까? 돈 관리를 성공적으로 하기 위해서는 반드시 매월 사용되는

선택 계좌 예시

오아시스 계좌　여행, 휴가, 특별 소비를 위해 별도의 현금을 적립하는 통장

자동차관리 계좌　자동차 보험료 등 자동차의 유지와 관리 비용을 적립하는 통장

가족의류비 계좌　가족 의류 구입에 필요한 자금을 적립하는 통장

소비 금액이 일정해야 한다. 돌발적이나 불규칙한 지출이 발생하더라도 최초에 설정한 저축 예산을 지키기 위해서는 필요에 따른 선택 계좌를 잘 활용하는 것이 정말 중요하다.

● 필수 계좌와 선택 계좌의 구성

구분	통장명	현금 유입	현금 유출	통장 종류	평상시 잔고
필수 계좌	1. 모 계좌	각종 수입	소비, 예비, 선택 계좌	자유입출금통장	잔고 = 0
	2. 소비 계좌	모 계좌	현금 지출, 카드회사	자유입출금통장	0〈잔고〈소비 예산
	3. 예비 계좌	소비 계좌	소비 계좌	CMA 또는 입출금통장	0〈잔고〈예비 예산
선택 계좌	오아시스 계좌	모 계좌 또는 소비 계좌	현금 지출, 카드회사	CMA 또는 입출금통장	0〈잔고〈예산
	자동차관리 계좌				
	가족의류비 계좌				
	마이너스통장	모 계좌 또는 소비 계좌	현금 지출	마이너스통장	대출 금액〈잔고〈0
	⋮				

많은 사람이 사용하는 마이너스통장은 과연 어디에 속할까? 마이너스통장은 엄밀히 말해 예비통장에 마이너스가 생긴 계좌라고 볼 수 있다. 앞서 강조했듯이 월 현금 흐름을 항상 일정하게 하는 노력을 하지 않거나 불규칙한 지출에 대비해 선택 계좌를 만들어 별도의 준비를 하지 않으면 자신도 모르게 마이너스통장을 쓰게 된다. 이는 빚을 지는 것이므로 조심 또 조심해야 한다.

그런데 많은 사람이 마이너스통장을 빚을 지는 거라 생각하지 않는 경향이 있다. 마이너스통장과 월 생활비에서 몇 백만 원 정도 마이너스가 되는 상황을 자연스럽게 받아들여 그리 심각하게 인식하지 않는다. 이미 마이너스통장이 있다면 상환 계획을 세워 하루라도 빨리 갚도록 한다.

그런데 여기서 한 가지 주의할 점이 있다. 종종 마이너스통장을 모 계좌나 소비통장으로 사용하는 경우가 있다. 이는 절대 금물이다. 이렇게 되면 정확히 얼마가 들어오고 나가는지 확인하기 어렵고, 마이너스된 금액이 작다는 이유로 상환을 차일피일 미루게 된다. 또한 마이너스를 상환해야 한다는 의무감이 낮아지고 얼마 안 되는 금액도 서둘러 갚지 않는 경우가 허다하다. 만약 현재 당신의 상태가 마이너스라면 마이너스통장을 별도의 선택 계좌로 생각하고 매월 일정 금액을 송금해 갚아 나가도록 계획을 세운다.

1. 모 계좌 정하기
   소득(월급, 상여, 사업 소득)이 기록되며 각종 계좌로 돈을 분배하는 역할을 한다.
   ※평상시 잔고는 제로
   모 계좌명(   )   은행 통장명(   )

2. 소비 계좌 정하기
   소비 예산이 매월 입금돼 생활비로 지출하는 돈이 모여 있는 통장으로, 현금인출
   카드와 신용카드가 결제되는 계좌다.
   ※ 평상시 잔고 0 〈 잔고 〈 월 소비 예산
   소비 계좌명(   )   은행 통장명(   )
   월 소비 예산(원)

3. 예비 계좌 정하기
   고정 지출의 두세 배 현금을 보관하는 통장을 말한다.
   모 계좌명(   )   은행 통장명(   )

4. 선택 계좌 정하기
   a 선택 계좌명 (   ) (   )은행 통장명(   )
   b 선택 계좌명 (   ) (   )은행 통장명(   )
   c 선택 계좌명 (   ) (   )은행 통장명(   )
   d 선택 계좌명 (   ) (   )은행 통장명(   )

잘 모이는 공식 21 통장 정리의 공식

세 개의 필수 계좌와 알파 계좌를 보유하라.
1. 필수 계좌 – 모 계좌, 소비 계좌, 예비 계좌
2. 알파 계좌 – 목적에 따라 오아시스 계좌, 자동차관리 계좌 등

05

**단기 자금의 공식,
데커레이션과 네이밍**

비교적 짧은 기간인 3년 이내에 목돈을 만드는 것을 단기 자금이라고 한다. 사실 돈 모으기의 시작은 단기 목돈을 만드는 것인지도 모른다. 돈을 벌면서 단 한 번도 단기 목돈을 만들어 본 경험이 없다면 앞으로 남은 인생에서도 목적 자금을 잘 모은다는 것은 불가능에 가깝다. 태어나서 맨 처음 받은 월급 못지않게 의미 있는 것이 첫 번째 타는 만기 적금일 것이다. 이 기쁨을 맛본 사람은 평생 그 기분을 잊지 못한다. 비록 작은 성취감이지만 이런 성취감이 돈을 체계적으로 모을 수 있는 습관의 밑바탕이 된다.

필자는 사회 초년생들에게 납입 기간이 긴 적금보다 딱 1년 후 내 손에 쥘 수 있는 적금을 권한다. 성취감을 맛보기 위해서다. 이제 어떻게 단기 목돈을 만들 것인지 생각해 보자. 지금처럼 저금리 시대에는 만기에 찾는 적금에서 이자가 차지하는 비중이 낮을 수밖에 없다. 더욱이 3년 이내라면 만기 금액의 거의 대부분이 이자가 아니라 원금이다.

잘모공의 수학적 공식($y=a+bx$)에서도 확인했듯이 단기 목돈 모으기에서 성공과 실패를 가늠하는 것은 수익률이 아니라 목표다. 목표가 불분명하거나 구체적이지 않으면 돈을 엉뚱한 곳에 사용하고 목표한 곳에 돈이 남지 않기 마련이다. 어떻게 하면 목표를 명확하게 만들 수 있을까?

재미있는 저축법을 활용하는 노하우

3년 차 교사인 김은희(28세) 씨의 저축에는 특별한 부분이 있다. 그녀가 가입한 적금은 모두 세 개인데 두 개는 결혼 자금이고 나머지 하나는 대학원 입학을 위해서다. 결혼 자금으로는 월 81만 9,610원을, 대학원 입학을 위해서는 월 70만 6,504원을 납입하고 있다. 그런데 보통 적금은 월 30이나 50 또는 100만 원 등 딱 떨어지는 금액을 납입하는데, 그녀의 월 불입액은 이상하게 숫자가 딱 떨어지지 않는다. 뭔가 특별한 의미가 있어 보인다.

그녀는 결혼 자금으로 2년 후 정확히 2,000만 원이라는 목돈을 손에 쥐기 위해 이런 납입금을 선택했다. 대학원 학자금도 2년 후 타는 목돈을 입출금계좌에 넣고 학자금을 네 번 인출했을 때 이자까지 더해 정확히 등록금을 완납할 수 있는 1,724만 원을 계산해서 적금에 가입했다. 만기금에 구체적인 숫자로 목표를 덧입히는 것은 사소해 보일 수도 있지만 유용한 돈 모으기의 스킬 중 하나다.

이렇게 하지 않을 경우 많은 사람이 만기금의 일부를 계획하지 않은 다른 곳에 사용하거나 충동적으로 소비하기 때문이다. 필자는 만기액에 구체적인 목표와 숫자를 덧입히는 것을 '데커레이션'decoration이라 부른다. 아무런 장식 없는 케이크에 비해 예쁘게 장식된 케이크는 무턱대고 칼을 들이대기가 망설여지는 것과 같은 이치다.

만기금에 대한 데커레이션 없이 단순하게 30만 원이나 50만 원짜리 2년 적금을 들면 만기금은 각각 732만 원과 1,220만 원이다. 필자의 경험에 의하면 만기금이 고스란히 예금으로 재투자되는 경우는 거의 없다. 732만 원 중 132만 원은 쓰고 600만 원만 예금한다. 또 1,220만 원 중 220만 원은 쓰고 딱 1,000만 원만 예금하는 경우가 다반사다.

● 김은희 씨의 통장 데커레이션

(단위 원)

목적	구분	월 불입액	연 이자율	만기 예상 금액	비고
결혼 자금	정기적금 1-1	300,000	1.9%	7,320,555	합계 20,000,000
	정기적금 1-2	519,610	1.9%	12,679,445	
대학원 학자금	정기적금 2	706,504	1.9%	17,240,000	등록금 납입

김은희 씨가 정확히 2년 후에 결혼하는 것은 아니기 때문에 이런 목돈에 데커레이션이 없다면 돈이 흩어질 확률이 매우 높다. 그 반면 2년 후 대학원에 입학하는 것은 구체적인 목표이기 때문에 그 상황을 실제 가정해서 그 조건이 달라지더라도 목표를 이루기 위해 학자금을 계산해서 적금에 가입한 것이다. 필요한 금액과 본인의 목표를 일치시키는 것을 '네이밍'naming이라고 한다. 만기금에 구체적인 이름표를 붙이는 것으로, 단기 목돈을 모으는 스킬 가운데 아주 중요한 부분이다.

짧을수록 안정형을 추구하라

당신은 단기 목돈을 마련하기 위한 저축의 데커레이션과 네이밍을 어떻게 했는가? 단기 목돈을 잘 모으는 잘모공들의 저축에서 발견할 수 있는 또 하나의 특징이 단기는 안전 선호형 저축을 한다는 점이다. 잘모공의 수학적 공식(y=a+bx)에서도 확인했듯이 단기 목돈은 수익률의 차이가 그다지 크지 않다는 것과 일맥상통한다.

우리는 종종 이자율과 수익률을 혼동하곤 한다. 이자율은 연 단위를 말하는 것으로 1년간 원금 대비 이자가 얼마나 발생하는가를 나타내는 말이다. 이자율 2퍼센트로 월 100만 원 1년짜리 정기적금에 가입하면 1년간 발생하는 이자는 약 13만 원 정도로 수익률로 따지면 고작 1퍼센트 정도다. 원금 대비 얼마나 늘어났는가를 나타내는 수익률은 당연한 말이지만 2퍼센트가 아니라 고작 1퍼센트가 채 되지 않는다.

그래서인지 단기 목돈을 만들기 위해 적금을 드는 사람 중에 펀드처럼 투자를 가미한 저축은 어떠한지 묻는 경우가 많다. 하지만 필자는 개인적으로 단기 목돈에서는 투자형 상품을 적극 추천하지 않는다. 앞의 정기적금 예시와 같이 3년 이내 저축하는 구간에서는 수익률이 1퍼센트대다. 이런 수익률을 극복하기 위해 저축에 비해 두세 배나 되는 수익률을 목표로 하는 투자를 한다고 가정해 보자. 성공하더라도 고작 20만~30만 원의 차이다. 원금인 1,200만 원의 2~3퍼센트 수준인 셈인데, 이는 원금 손실의 위험을 감수할 만한 프리미엄이라고 보기 어렵다. 3년 이상 되는 저축에 비하면 투자가 그다지 큰 의미를 갖지 못한다는 말이다.

셀프 체크업 ⑯ 나의 단기 목돈 마련 계획을 정리해 보자

1. 단기 목돈 저축은 만기금에 대한 데커레이션이 중요하다.
2. 3년 이내 단기 목돈 마련은 투자 상품보다는 원금보장형 저축 상품에 집중한다.
3. 현재 붓고 있는 단기 목돈 저축을 요약하라.

상품명	월 불입액	연 이자율	만기 예상 금액 (데커레이션)	가입 목적 (네이밍)

잘 모이는 공식 22 단기 자금의 공식

1. 투자보다는 안정형 저축을 한다(3년 이내는 투자 성과가 나타나지 않는다).
2. 목적 금액을 딱 떨어지게 계산해서 가입하는 데커레이션이 필요하다(예시 1,000만 원, 2,000만 원).
3. 만기금에 이름표를 붙여 필요한 금액과 자신의 목표를 일치시키는 네이밍을 한다.

06

주택 자금을 모으는 방법,
12 by 2 법칙

결혼 후 15년 동안이 가장 많은 돈을 저축할 수 있는 저축 황금기라는 사실을 수없이 강조했다. 이 시기를 알차게 보낸 잘모공이라면 그 결과로 남은 훈장 같은 것이 있으니, 바로 내 집 마련이다. 잘모공의 저축 중에는 주택 자금의 비중이 가장 높다. 그 이유는 무엇일까? 주택은 개인마다 차이가 있겠지만 노후처럼 수십 년 이후에 필요한 자금이 아니라 부모로부터 독립하게 되면 누구나 맞닥뜨려야 하는 문제다.

집을 소유하지 않고 전세처럼 렌트의 개념을 생각하는 사람도 있지만, 그렇다 하더라도 집값의 80퍼센트 정도는 필요하므로 예외가 될 수 없다. 내 집 마련은 결혼을 기준으로 볼 때 짧게는 수년, 아무리 길어도

15년 이내에는 반드시 풀어야 하는 숙제다. 더구나 주택 자금은 자녀교육이나 노후 자금에 비해 일정 기간 돈이 나뉘어 들어가는 현금 흐름이 아니라 자금이 단박에 들어간다는 점도 저축에서 가장 높은 비중을 차지하는 이유다.

우리는 잘 모이는 공식(y=a+bx)을 통해 돈이란 예산과 목표, 기간의 함수라는 것을 확인했다. 그런데 주택 자금은 자녀교육이나 노후 자금에 비해 짧은 기간에 만들어야 하기 때문에 저축에 기울기(bx)를 높여 줄 '시간의 힘'이 작용하기 어렵다. 시간의 힘이란 장기간 복리 효과compound rate effect나 투자 수익률 상승에 적용되는 개념이다. 보다 쉽게 설명하면 시간의 힘보다는 예산, 바로 원금의 힘이 더 중요하다는 말이다.

주택 자금이 저축 비중에서 가장 높아야 하는 이유

1. 상대적으로 단기에 필요한 자금이다.
2. 돈이 나뉘어서 들어가지 않고 단박에 들어가는 현금 흐름이다.
3. 비교적 짧은 기간에 필요하므로 시간의 힘이 작용하기 어렵다.
    (※복리 효과, 투자 수익률의 극대화가 어렵다.)

지금까지 설명한 주택 자금에 관한 내용은 사실 누구나 알고 있을 것이다. 그런데도 상담을 하면서 만난 많은 사람이 굳이 말하지 않아도 되는 이 주택 자금에 가장 큰 관심을 보였다. 이렇게 누구나 관심을 갖고 있음에도 불구하고 주택 자금을 제대로 잘 모으는 사람이 상대적으로

적다는 사실은 의외가 아닐 수 없다. 그렇다면 그 이유는 무엇일까?

복리나 투자 수익률을 크게 기대할 수 없는 짧은 기간에 수억 원의 주택 자금을 모은다는 게 시쳇말로 '넘사벽'처럼 느껴진다. 한 번도 산에 올라 본 적 없는 사람 앞에 딱 버티고 있는 에베레스트 산과 같기 때문이다. 이런 상황이다 보니 필자가 만나 본 많은 사람이 주택 자금에 대해 엄청 관심을 보이고 걱정은 하면서도 정작 주택 자금을 모으는 데는 소극적이었다. 즉 과감하게 실행하지 못하고 머뭇거린다는 것이다.

내가 생각한 대로 내 집 마련이 가능할까 하는 고민으로 시간을 보내고 있다는 말이다. 그도 그럴 것이 지난 수십 년간 주택 가격은 인플레이션이나 이자율보다 훨씬 높은 수준의 고공행진을 이어갔다. 산 정상이야 변하지 않는 목표이니 오르고 또 오른다면 못 오를 리 없겠지만, 집값은 내가 산을 오르는 동안 목표인 산 정상이 계속 변하는 것과 같으니 의지가 꺾일 만도 하다. 목표가 흔들리면 아무리 집중하기 위해 노력해도 집중하기 어렵다는 문제점도 뒤따른다.

주택 자금을 모으기 위한 세 가지 기준

이런 상황에서 당신은 어떻게 할 것인가? 먼저 오락가락 흔들릴 수밖에 없는 목표를 명확하게 해두자. 주택 자금의 목표를 명확하게 하기 위해서는 몇 가지 필요한 사항이 있다. 먼저 아래 질문에 대한 답을 적어 보자.

하나, 언제까지 달성할 것인가?(목표 시기)

꿈과 목표의 가장 큰 차이는 명확성이라 할 수 있다. 목표는 꿈에 '언제까지 하겠다'는 시간적 개념을 더한 것이다.

둘, 어느 정도의 주택을 목표로 할 것인가?(목표 수준)

모든 목표는 실현 가능성이 있어야 하고 주택 자금도 현실적으로 가능한 수준이어야 한다. 하지만 지나치게 현실에 갇혀 소극적인 수준에 머무른다면 자신이 원하는 진짜 목표가 아닐 수도 있다.

셋, 주택 가격의 상승을 어느 정도로 감안할 것인가?(변동성)

앞으로의 주택 가격을 예측한다는 건 불가능에 가깝다. 어떤 사람은 계속 상승할 거라 예상하지만, 한쪽에서는 하락한다고 주장하는 사람도 있다.

위에 세 가지 질문에 곧바로 대답하지 못한다면 주택 자금에 대한 기본적인 목표가 없는 것이다. 설사 그렇다고 해도 절대 실망하지 말고 지금부터라도 이 세 가지를 명확히 해두자.

목표 시기 : 결혼 후 12년 내 주택 마련의 숙제를 끝내라

저축 중에서 주택 마련이 가장 높은 비중을 차지하지만 그렇다고 인생에서 주택 마련이 유일한 목표는 아니다. 주택 마련도 반드시 한시적인 목표가 있어야 한다. 바로 12년이다. 이는 결혼하면서 얻게 되는 첫 번째 전세 계약을 포함하여 최대 다섯 번의 전세 계약을 갱신하는 동안 내 집 마련의 숙제를 마무리해야 한다는 말이다.

첫 번째 이유는 거듭 설명했듯이 보통 결혼 후 15년 정도가 저축에 집중할 수 있는 유일한 기간이다. 두 번째 이유는 결혼 후 13년이 지나면 자녀가 중학 진학을 앞두는데, 이즈음부터 본격적인 교육비 상승과 맞물리기 때문이다. 자녀가 중고등학교에 진학할 때까지도 주택을 마련하지 못했다면 자녀교육이나 노후 자금 등 다른 목표를 이루는 데도 연쇄적인 어려움을 겪을 수 있다.

목표 수준 : 저축 가능한 금액의 70퍼센트로 살 수 있는 집을 목표로 하라

결혼 후 12년 내 주택 마련 숙제를 끝내라는 것은 뒤집어 생각하면 결혼 후 12년 내에 마련할 수 없는 주택이라면 적절한 목표가 아니라는 뜻이다. 결혼을 하면서부터 주택 자금을 위해 저축의 최대치(월 소득의 55퍼센트 수준 또는 저축 가능 금액의 3분의 2 정도)를 12년 동안 모은다면 얼마나 될까? 그 금액으로 구입할 수 있는 수준의 주택이 적당한 목표라는 말이다. 또 그 금액이 미래에 예상되는 집값의 최소 80퍼센트(전세 비율)는 준비해 두어야 한다.

변동성 : 집값 상승의 변동성을 감안하라

당신은 앞으로 집값이 오를 거라 생각하는가? 하지만 집값이 오를지 떨어질지는 누구도 장담할 수 없다. 지난 몇 년간 집값이 빠르게 상승했는데, 일부 전문가는 당분간 하락세를 예측하고 있다. 하지만 주택 자금을 모아야 하는 입장에서는 집값이 유지되거나 하락을 염두에 두고 목표를 세울 수는 없다.

집값이 오를 수도 있다는 것을 감안해 플러스의 변동성을 고려해야 한다. 지난 10년간 서울 집값 상승률은 연 3.0퍼센트, 표준편차는 8.1퍼센트로 조사되었다(2015년 통계청). 하지만 이것은 지난 10년간 초저금리 정책으로 인한 실물자산의 거품론이라는 의견도 있는 만큼, 향후 전망에 100퍼센트 적용할 수는 없다. 그렇다면 최소한 3.0퍼센트는 아닐지라도 인플레이션 정도의 상승은 감안해서 목표를 세우도록 하자.

예시 30세 동갑내기 맞벌이인 박천홍, 김나현 씨 부부는 현재 전세 2억에 살고 있으며 월 소득 520만 원 중 65%인 338만 원을 최대 저축 가능한 금액으로 생각하고 있다. 이들의 적정한 주택 마련 목표는 무엇일까?(※향후 월 소득이 늘어도 저축액은 늘어나지 못한다고 가정한다.)

① 먼저 주택 마련을 위한 월 저축 가능 금액인 338만 원의 70%는 237만 원이다.
② 월 237만 원 × 12개월(연간 2,844만 원)을 최대 12년간 저축하면 3억 6,880만 원이다(※저축은 투자 성과나 고금리를 가정하지 않고 1.5% 정도의 낮은 금리를 가정한다).
③ 현재 전세금인 2억 원에 3억 6,880만 원을 더한 5억 6,880만 원이 주택 자금이 된다.

결론 5억 6,880만 원이 주택 가격의 80% 수준이 되는 주택, 12년 후 약 7억 2,000만 원 정도의 주택을 목표로 하는 것이 적당하다.

집값의 목표 수준이 나에게 적절한지 아닌지 가늠해 봐야 하는 이유는 소득에 비해 주택에 과잉 투자되면 여러 가지 부작용이 생기기 때문이다. 집은 한번 사고 나면 그만인 개념이 아니다. 집의 규모에 따라 달라지는 유지비와 지역에 따른 생활수준의 차이로 달라지는 생활비, 집을 소유함으로써 발생하는 재산세나 각종 보험료 등 부수적인 비용도 고려해야 하기 때문이다.

그렇다면 주택 자금은 목표하는 시기까지 반드시 저축으로만 해결해야 할까? 많은 사람이 궁금해하는 것 중 하나가 돈을 모아서 집을 살 것인가 아니면 대출을 받아 집을 산 다음 추후에 대출을 갚을 것인가 하는 문제다. ⓐ 돈을 모아서 집을 살 것인가 아니면 ⓑ 먼저 대출을 받아 집을 사고 갚을 것인가? 만약 ⓑ 대출을 받아 집을 산다면 원금과 이자를 상환해야 하는데 원금은 집을 사기 전부터 해온 주택 마련저축이라고 생각하면 되겠지만 이자만큼은 추가로 발생하는 비용이다.

예시 박천홍, 김나현 씨 부부는 서울의 32평형 아파트(현재 매매가 5억 8,500만 원)를 목표로 생각하고 있다. 향후 집값 상승은 매년 2% 플러스 변동을 감안하고 있다. 부부의 주택 자금 목표는 적정한 수준일까?

① 12년 후의 예상 주택 가격은 5억 8,500만 원 × 1.22(매년 2% 상승) = 7억 1,370만 원
② 12년 후 7억 1,370만 원의 최소 80%인 5억 7,096만 원이 필요하다.
※따라서 위에서 산출한 부부의 주택 자금 목표인 5억 6,880만 원은 적정하다고 할 수 있다.

자신이 판단하건대 향후 집값의 상승률이 이자율보다 높을 거라 생각되면 ⓑ를 실행하면 된다. 그런데 분명한 사실은 ⓐ를 선택하든 ⓑ를 선택하든 12년 동안은 주택 자금으로 최소 월 245만 원의 적립이 필요하다는 것이다. 결론부터 말하면 반드시 집값의 80퍼센트 정도의 현금이 모아질 때까지 기다렸다 사야 하는 것은 아니다.

ⓐ 돈을 모아서 집을 사는 경우
매월 237만 원 × 12개월 × 12년 저축이 필요

ⓑ 먼저 대출을 받아 산 다음 갚는 경우
매월 237만 원 × 12개월 × 일정 기간 원금 상환
매월 추가로 이자 비용이 발생

저축 방식 : 주택 자금저축은 2트랙 방식으로 하라

목표가 정해졌다면 어떤 방식으로 저축할 것인지 생각해 보자. 주택 자금을 위한 저축은 가계 소득에서 매우 높은 비중을 차지한다. 그렇기 때문에 너무 많은 금액이 장기간 묶여 있으면 곤란하다. 일정 금액은 항상 현금화할 수 있어야 한다. 주택 자금을 마련하기 위한 저축은 215쪽의 표와 같이 전셋값 상승에 대비하는 방법(트랙 1)과 주택 마련 자금을 위한 방법(트랙 2)이라는 두 가지 방식으로 운영해야 한다. 내 집을 마련하기 전이라면 2년에 한 번씩 전셋값 상승에 대비해야 하고, 주택청약으로

분양을 받는다면 일정한 목돈이 필요하기 때문이다.

또한 노후나 자녀교육 자금에 비해 기간이 짧긴 하지만 최소한 10년에 걸쳐 만들어야 하기 때문에 월 불입식저축과 그 저축이 목돈이 되면 다시 예금하는 방법을 반복하게 된다. 이때 너무 여러 계좌에 나누어 저축하면 돈이 다른 목적으로 쓰일 수 있으며 계획하지 않은 지출로 흘러가는 등 위기를 맞을 수도 있다. 이 때문에 주택 자금저축도 명확한 네이밍이 중요하다. 앞서 소개한 박천홍, 김나현 씨 부부의 경우 월 237만 원의 주택 자금저축을 어떻게 납입하고 있는지 살펴보자.

● 박천홍 · 김나현 씨 부부의 주택 자금저축

목적	상품명(월 납입)	투자 속성	월 납입	과세 기준	기간
트랙 1 전셋값 상승에 대비	주거래 K은행 정기적금 1	금리형 1.7%	84만 원	일반과세	1년
	주거래 S은행 정기적금 2	금리형 1.8%	83만 원	일반과세	1년
트랙 2 주택 마련 자금에 대비	가치주주식형 적립식펀드	투자형	20만 원	비과세	3년
	ISA 개인종합 자산관리계좌	일임형	30만 원	비과세	5년
	청약저축	금리형	20만 원	비과세	7년
합계 금액			237만 원		

□ 주택 자금 목표

　지역 :　　　　　　　　　형태 :　　　　　　　　크기 :

□ 주택 자금 마련을 위한 월 저축 가능액(총 저축액의 70% 이상)

　　월 _____ 원

□ 주택 가격 상승률 감안

구분	상품명	월 불입액	만기 예상 금액 (데커레이션)	가입 목적 (네이밍)
트랙 1				
트랙 2				

잘 모이는 공식 23　주택 자금의 공식

1. 결혼 후 12년 내에 주택 마련의 숙제를 끝낸다.
2. 저축 가능 금액의 70%(월 소득의 55% 수준)를 12년간 모았을 때 구입 가능한 주택을 목표로 한다.
3. 집값의 변화는 일단 플러스 변동성을 감안한다(최소 인플레이션 기준).
4. 저축은 전셋값 상승과 주택 마련 자금을 위해 두 가지를 병행하라.

잘 모이는 공식, 다시 한번 기억하기!

잘 모이는 공식 20. 저축 예산의 공식

300만 원을 벌고도 저축을 제대로 하지 못하는 사람은 나중에 3,000만 원을 벌어도 저축하지 못한다. 저축은 쓰고 나서 하는 게 아니다. 사회 초년생은 처음부터 높은 저축률로 시작하는 것이 중요하다.

1. 최초의 저축 예산은 시간이 갈수록 낮아질 수밖에 없다(저축률 그래비티의 법칙).
2. 최초의 저축률이 높지 않으면 소득이 늘어나도 저축액을 늘리기 어렵다.

잘 모이는 공식 21. 통장 정리의 공식

돈을 어디에 담아두느냐에 따라 돈을 대하는 태도가 달라진다. 따라서 세 가지 필수 계좌를 각각 만들고 활용해야 한다. 또한 필요에 따라 돈을 나눌 수 있는 추가적인 계좌를 만들라.

1. 필수 계좌 – 모 계좌, 소비 계좌, 예비 계좌
2. 알파 계좌 – 목적에 따라서 오아시스 계좌, 자동차관리 계좌 등

잘 모이는 공식 22. 단기 자금의 공식

3년 내에 필요한 목돈인 단기 자금은 돈을 모으는 첫 번째 단추를 잘 꿸 수 있도록 도와준다. 사회 초년생일수록 적은 금액이라도 약속한 기간 동안 모으는 행위를 반복하면서 절약과 저축의 선순환 고리를 만들어야 한다.

1. 투자보다는 안정형 저축을 한다(3년 이내에는 투자 성과가 나타나지 않는다).
2. 목적 금액을 딱 떨어지게 계산해서 가입하는 데커레이션이 필요하다(예시 1,000만 원, 2,000만 원).
3. 만기금에 이름표를 붙여 필요한 금액과 자신의 목표를 일치시키는 네이밍을 한다.

주택 자금은 상대적으로 단기에 필요한 자금이기 때문에 저축 비중이 가장 높다. 따라서 저축을 가장 많이 할 수 있는 기간을 이용해 가능한 한 짧게 마무리 지어야 한다.

1. 결혼 후 12년 내에 주택 마련의 숙제를 끝내라.

2. 저축 가능 금액의 70%(월 소득의 55% 수준)를 12년간 모았을 때 구입 가능한 주택을 목표로 한다.

3. 집값의 변화는 일단 플러스 변동성을 감안하라(최소 인플레이션 기준).

4. 저축은 전셋값 상승과 주택 마련 자금을 위해 두 가지를 병행하라

BINDING

·

BALANCING

·

TIMING

제5장

멀리 보는
저축과 투자,
밸런스와 타이밍

세상에 우연히 일어나는 일은
단 하나도 없다

보통 우연히 일어나는 사건을 랜덤random이라고 한다. 어떤 규칙이나 원리가 없어 어떻게 될지 모른다는 의미다. 랜덤은 주사위를 던졌을 때 어떤 숫자가 나올지 모르는 상태를 말한다. 그런데 여기서 놓치고 있는 것이 있다. 사실 우리가 랜덤하다고 생각하는 많은 것이 결코 랜덤하지 않다. 불확실하지 않다는 말이다. 단지 그 원리를 알지 못하기 때문에 그렇게 믿을 뿐이다.

주사위를 던져 어떤 숫자가 나올 것인지도 마찬가지다. 사실 로봇을 이용해 항상 똑같은 힘과 자세로 던지면 항상 같은 숫자가 나온다. 우리가 매번 다른 힘과 자세로 동전을 던지기 때문에 랜덤한 결과가 나오는 것이다. 그렇다면 이것은 무엇을 의미할까? 세상에는 결코 우연히 이루어지는 것이 없다는 말이다. 사람들은 자신이 모르는 영역을 랜덤하다고 믿지만, 사실은 그렇지 않다.

그런데도 사람들은 랜덤을 자신에게 유리하게 해석하는 경향이 있다. 불확실성이 자신에게 좋은 결과로 나타날 거라고 막연하게 믿는다. 물론 그런 긍정적인(?) 마인드가 정신 건강에는 도움이 될지 모르지만 그로 인해 많은 사람이 정말 중요한 무언가를 놓치고 만다.

노후나 자녀교육 자금은 아주 중요하지만 지금 당장 코앞에 닥친 문제가 아니라서 단순히 랜덤의 영역으로 생각한다. '어떻게 되겠지' 내지는 '무슨 방법이 생기겠지, 뭐!' 하고 지나친다. 어떠한 준비도 없이 미래에 대한 불안감을 랜덤에 맡겨 버리고 막연히 잘될 거라 기대하는 것이야말로 우리가 가장 경계해야 하는 위험한 태도이자 생각이다. 당신도 이미 알고 있을 것이다. 단지 내색을 안 할 뿐, 막연한 생각은 막연한 결과를 낳는다는 것을 말이다. 이 세상에 우연히 일어나는 일은 단 하나도 없다.

01

잘모공이 반드시 알아야 하는
투자의 기본 공식

지금까지 많은 직장인을 만나 대화를 나누면서 정말 의아할 때가 많았다. 금융에 대해 어떠한 지식과 정보도 없고 그다지 관심도 없으면서 주식투자를 하는 경우를 많이 봐왔기 때문이다. 그런데 필자를 더욱 놀랍고 당황하게 만드는 것은 자신이 투자하고 있는 기업에 대해 아무것도 모른다는 점이다. 투자한 기업의 주가가 1년이나 2년 후 어떻게 될 것으로 전망하는가 하는 질문을 하면 눈이 휘둥그레지면서 "제가 그걸 어떻게 알아요?" 하고 반문한다.

앞으로 주가가 오르고 내리는 것을 전혀 예측할 수 없는 랜덤의 영역으로 생각하는 것이다. 그들의 말처럼 주가가 전혀 예측할 수 없는 미지의 영역이라면 그들이 하는 것은 투자가 아니라 복불복의 도박이 되고 만다. 많은 사람이 주식투자에 뛰어들기 전에 주식을 사고자 하는 기업의 정보나 주식투자에 대해 공부하기보다 '○○주식이 얼마까지 간다더라' 내지는 '△△주식에 좋은 투자 정보가 있다더라' 하는 일명 '카더라 통신'에 귀가 얇아져 과감하게 투자(?)하곤 한다.

상황이 이렇다 보니 주변에서도 종종 이런 무모한 모습을 목격할 수 있다. 이는 부동산도 예외가 아니다. 자신이 발로 뛰어서 그 매물의 장단점을 확인하고 분석하는 게 아니라 그 상가를 사면 대박이 난다는 말 한마디에 제대로 확인도 안 해보고 덜컥 계약서에 도장을 찍는다. 아무 곳에나 집을 사고 상가를 사면 월세가 꼬박꼬박 통장에 꽂히는 줄 착각하는 사람도 많다.

경매로 헐값에 사서 사고팔기를 반복하며 부동산으로 대박 난 사람들 때문에 재테크 서적의 판매 10위 안에는 항상 부동산 서적이 떡하니 자리를 차지하고 있다. 어쩌면 투자에 성공한 사례만 부각될 뿐 투자에 실패한 사례는 쉬쉬하며 드러내지 않았을지도 모른다. 극소수의 성공 사례가 지나치게 과장된 일반화의 오류일 수도 있다.

그렇다면 투자의 신공이 아닌 평범한 잘모공은 어디에 어떻게 투자해야 할까? 먼저 투자라는 말이 돈을 잘 모으는 사람들과는 다소 괴리가 느껴지기도 한다. 잘모공은 개미같이 열심히 돈을 저축하고 모으는 사람들로 생각되기 때문이다. 어느 정도는 일리가 있는 말이다. 하지만 돈을 모았으니 언젠가는 적절한 비중으로 투자해야 하는 게 맞다. 이때 투자에 대한 기본적인 지식과 원칙을 전혀 모른다면 열심히 모은 돈을 허망하게 날릴 수도 있다.

이번에는 잘모공이 반드시 알아야 하는 투자의 기본을 이해하기 쉽게 소개하고자 한다. 만약 지금부터 설명하는 내용을 전혀 이해할 수 없고 머리만 복잡하다고 생각되면 당신은 투자와 거리가 먼 사람일 가능성이 농후하다. 그럴 때는 투자에 대한 관심을 접어야 할 수도 있다. 이 점을 각별히 유의하길 바란다.

투자와 리스크란 무엇인가

먼저 투자 Investment가 무엇인지 알아보자. 투자와 상반되는 의미로 많이 사용되는 말로 투기 Speculation가 있다. 당신은 투자와 투기가 어떻게 다르다고 생각하는가? 이 둘의 차이를 정확하게 이해한다면, 투자에 대한 개념이 보다 확실하게 다가올 것이다. 투자와 투기는 모두 미래에 초과 수익을 만들기 위한 것이 분명하다. 하지만 그 둘의 초과 수익이 어떤 근거로 발생하는지는 전혀 다르다. 결론부터 말하면 투자는 가치의 변화를

> **투자와 투기는 어떻게 다른가?**
> 투자 → 가치의 변화가 수익의 근거
> 투기 → 변동성이 수익의 근거

수익의 근거로 삼는다. 반면 투기는 변동성을 수익의 근거로 삼는다.

김주호(45세, A기업) 씨는 10년 전 전자상거래가 활발해질 수 있는 법안이 통과되자 인터넷 거래가 급격히 상승할 거라 예상했다. 그래서 여유 자금의 일부를 이와 관련된 서비스 업체인 D주식을 사서 지금까지 보유하고 있다. 그의 평가 금액 수익률은 100퍼센트가 넘는다. 이것은 투자일까, 투기일까?

인생을 살다 보면 우리가 알고 있는 정보나 예상이 항상 맞아떨어지는 것은 아니다. 언제나 어느 정도의 위험은 존재한다. 하지만 D사의 가치가 증가할 거란 가치 변화에 근거해서 주식을 장기 보유하고 있다는 점에서 보면 투자인 셈이다. 기업의 가치가 하루아침에 변하지는 않으므로 투자는 어느 정도의 시간은 필수 요소가 된다. 투자는 이처럼 가치에 근거한다.

이정현(44세, S기업) 씨는 인수합병이 임박했다는 정보가 도는 IT업체인 Z기업의 주식이 최근 시장에서 관심을 끌고 거래량이 두 배 이상 늘어난 것을 보면서 주가가 한 달 내에 급격한 변화가 있을 거라 예상했다. 그는 현재 투자금이 없음에도 불구하고 잠시 융통할 수 있는 아파트 분양 중도금의 일부로 이 주식을 샀다. 그가 예상한 대로 주가는 한 달도 안 돼서 거래량이 다섯 배 이상, 주가는 1.5배까지 상승했다.

그는 두 달 만에 모든 주식을 팔고 30퍼센트 가까운 수익을 냈다. 그가 주식을 판 이후 주가는 다시 곤두박질쳐 6개월 만에 제자리로 돌아왔다. 그는 잠깐의 변동성을 통해 돈을 번 셈이다. 기업의 가치는 바뀌지 않앉으나 단지 여러 가지 이유로 시장 참여자들에 의해 주가에 변동성이 생겼던 것이다. 이 경우는 Z기업의 근본적인 가치가 변했다기보다 단기적인 변동성에 근거했다는 점과 그 변동성에 의거해 주식을 단기 보유했다는 점에서 투기라 할 수 있다.

여기서 중요한 사실은 모든 투자가 성공하는 것도 아니고, 투기가 모두 실패하지도 않는다는 점이다. 이는 무엇이 옳고 그르다의 문제가 아니라 투자와 투기의 속성상 누가 더 많은 리스크를 부담하느냐의 문제일 뿐이다. 굳이 말하지만 투자보다는 투기가 훨씬 더 큰 리스크를 부담한다고 봐야 한다. 그렇기 때문에 잘모공은 투기보다는 투자를 해야 한다. 결론적으로 투자란 10년 후(장기) 지금보다 더 가치 있어질 것이 무엇인지 생각하는 것이라고 볼 수 있다. 앞으로 투자를 하고 싶다면 이제

셀프 체크업 ⑱ 현재 나는 투자를 하고 있는가? 투기를 하고 있는가?

예·적금을 제외한 자산을 주식이나 부동산에 투자한 것이 있다면 체크해 보자.

구분	자산명	금액	투자 기간	투자의 근거
주식				
부동산				
기타				

부터 소개하는 투자의 기본 공식을 참고하길 바란다.

이제 리스크Risk가 무엇인지 알아보자. 리스크 하면 흔히 위험이라는 말이 먼저 떠오른다. 하지만 리스크는 데인저Danger라 불리는 위험과는 완전히 다르다. 왜냐하면 데인저는 고의로 취하는 경우가 없지만 리스크는 고의로 취하는 경우가 많기 때문이다. 만일 리스크가 단지 위험하기만 하다면 누가 그것을 고의로 취하겠는가? 리스크를 고의로 취하는 경우가 있는데 보험회사가 대표적이라 할 수 있다.

보험회사는 매월 2만~3만 원의 보험료를 받고 사고가 나면 5,000만 원을 주겠다고 약속한다. 보험료보다 보험금이 더 많이 지급될 수 있는 불확실성을 일부러 취하는 것이다. 그 이유가 뭘까? 이런 리스크에는 불확실성도 있지만 거꾸로 생각하면 지급하는 보험금보다 더 많은 보험료를 거두어들일 수도 있는 이익의 기회가 숨어 있기 때문이다. 리스크란 불확실성 속에 숨겨진 이익을 의미한다. 오로지 위험만 존재하는 데인저와는 확연히 구분된다.

결론적으로 리스크는 나쁜 의미가 아니다. 데인저처럼 완전히 제거해야 하는 위험도 있지만 리스크처럼 적절히 취해야 하는 위험도 있다.

얼마 전에 지인의 자녀가 명문 Y대에 합격했다. 가족 모두 뛸 듯이 기뻐했지만 정작 학생 자신은 고민 끝에 재수의 길을 선택했다. S대에 도전하기 위해서였다. 이 경우 이 학생에게 재수는 리스크가 있다고 말할 수 있다. 재수를 선택함으로써 Y대의 입학을 포기하는 위험이 뒤따르기 때문이다.

하지만 그 선택에는 S대에 입학할 수 있다는 가능성도 동시에 들어있다. 다시 말해 불확실성 속에 초과 수익이 숨어 있는 셈이다. 이 대목에서 가장 중요한 원리를 찾을 수 있는데, 초과 수익은 항상 무언가의 희생을 요구한다는 것이다. 하나를 얻으려면 하나를 포기해야 한다는 말이다. 투자를 설명하는 가장 기본적인 원리로 경제학에서는 이를 위험Risk과 보상Return의 상충관계Trade off라고 말한다. 이것이 바로 투자의 원리다.

> **투자의 기본 원리는 위험Risk과 보상Return의 상충관계Trade off**
> 하나를 얻으려면 하나를 포기해야 한다.
> 더 많은 보상을 위해서는 더 많은 위험을 감수해야 한다.

얼마나 리스크를 취해야 하는가

당신이 투자와 리스크의 개념에 대해 조금이나마 이해했기를 바란다. 이제 잘모공들이 얼마나 많이 리스크를 취해야 하는지 알아보자. 현재 당신 손에 1억 원이 있다고 가정해 보자. 앞으로 이 돈을 어딘가에 묶어 놓을 예정이다. 당신이라면 몇 퍼센트를 투자하고, 몇 퍼센트를 투자하지 않을 것인가? 여기서 말하는 투자는 앞서 설명한 위험 자산Risky Asset, 즉 주식이나 부동산같이 초과 수익의 가능성은 있지만 불확실성이 있는 자산을 말한다. 투자하지 않는 자산은 안전 자산Risk-free Asset, 즉 예금이나 국채처럼 불확실성이 거의 없는 자산을 말한다.

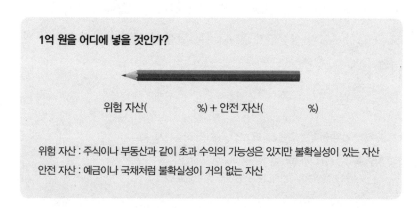

1억 원을 어디에 넣을 것인가?

위험 자산(%) + 안전 자산(%)

위험 자산 : 주식이나 부동산과 같이 초과 수익의 가능성은 있지만 불확실성이 있는 자산
안전 자산 : 예금이나 국채처럼 불확실성이 거의 없는 자산

누구도 쉽사리 답하기 어려울 것이다. 얼마나 리스크를 취해야 하는지의 문제는 단순한 정보로는 결론을 내기 힘들다. 만약 A와 B가 1억 원을 어떻게 할지 고민할 때, 두 가지의 기본 정보를 더해 보자. A의 투자

가능 기간은 1년이고, B는 5년이다. A는 투자 성향이 안정형이고, B는 공격 투자형이다. 이제 이 정보를 전제로 포트폴리오를 짜보자.

1억 원을 어디에 넣을 것인가?

A : 안정형, 1년 투자 – 위험 자산(%) + 안전 자산(%)
B : 공격 투자형, 5년 투자 – 위험 자산(%) + 안전 자산(%)

아무런 정보가 없을 때보다 어디에 투자하면 좋을지 방향이 보일 것이다. 이때 가장 중요한 것이 투자자의 성향인데, 리스크를 얼마나 취할 것인가를 가늠하는 첫 번째 잣대이기 때문이다. 안정형은 투자의 기본 원리에서 말하는 하나를 얻기 위해 하나를 포기해야 한다는 기준에 비추어 볼 때 초과 수익의 가능성을 얻고 원금 손실의 가능성을 내주는 것 자체를 싫어하는 사람을 말한다.

무엇을 내주고 무엇을 얻을 것인가는 투자 방향을 정하는 데 중요한 기준이 된다. 그래서 자신의 투자 성향을 정확히 알고 투자하는 것이 정말 중요하다. 두 번째 잣대는 투자가 가능한 기간이다. 투자란 가치의 변화로 수익을 추구하는 행동으로 가치가 변화하기 위해서는 일정 시간이 반드시 필요하다. 만약 투자 기간이 많이 확보된다면 투자의 위험인 리스크를 어느 정도 낮출 수 있다. 하지만 단기 투자에서는 위험이 증가할 수밖에는 없다.

또 투자 성향은 개인에 따라 다르겠지만 투자 자산에 따라서도 달라질 수 있다. 예를 들면 6개월 후에 아파트 중도금을 납입해야 하는 돈이라면 투자 성향이 매우 안정형으로 바뀔 수 있다. 하지만 생각지도 않았던 보너스나 상여금 등이라면 적극 투자형이 될 수도 있다. 모든 투자는 투자 성향과 투자 기간 그리고 투자 자금의 성격에 따라 달라져야 한다. 그럼에도 이런 기본 원리를 무시한 투자를 하고 있다면 하루빨리 수정해야 할 것이다.

또 한 가지 명심할 것은 초기 투자에 성공했다고 해서 투자 성향이나 성격을 성급하게 변경해서는 안 된다. 주식투자로 큰 손실을 입은 사람의 70퍼센트 정도가 소액으로 시작한 초기 투자에서는 큰 성공을 경험했다는 통계가 있다. 이런 성공을 맛보게 되면 누구나 자신을 과신하는 딜레마에 빠지기 쉽다. 투자를 할 때는 최대 손실을 입어도 되는 금액을 제한하고 나름의 원칙을 가지고 시작해야 한다.

지피지기면 백전백승이라 했거늘 자신의 투자 성향을 파악한다면 보다 성공적인 투자에 한발 가까이 다가갈 수 있을 것이다. 233쪽의 테스트는 증권사나 은행 등 금융기관의 홈페이지에서 제공하는 것을 간단하게 편집한 것이다. 자신의 투자 성향을 보다 구체적으로 알고 싶다면 전문 기관의 도움을 받아 보길 바란다.

1. 당신의 연령대는 어떠합니까?
   ① 19세 이하 ② 20~40세 ③ 41~50세 ④ 51~60세 ⑤ 61세 이상

2. 투자금의 투자 가능한 기간은 얼마나 되나요?
   ① 6개월 이내
   ② 6개월 이상~1년 이내
   ③ 1년 이상~2년 이내
   ④ 2년 이상~3년 이내
   ⑤ 3년 이상

3. 당신의 투자 경험과 가장 가까운 것은 무엇인가요?(중복 가능)
   ① 은행의 예·적금, 국채, 지방채, 보증채, MMF, CMA 등
   ② 금융채, 신용도가 높은 회사채, 채권형 펀드, 원금보존추구형 ELS 등
   ③ 신용도 중간 등급의 회사채, 원금의 일부만 보장되는 ELS, 혼합형 펀드 등
   ④ 신용도가 낮은 회사채, 주식, 원금이 보장되지 않는 ELS, 시장 수익률 수준의 수익을 추구하는 주식형 펀드 등
   ⑤ ELW, 선물옵션, 시장 수익률 이상의 수익을 추구하는 주식형 펀드, 파생 상품에 투자하는 펀드, 주식 신용거래 등

4. 금융 상품 투자에 대한 지식은 어느 수준인가요?
   ① [매우 낮은 수준] 투자 의사 결정을 스스로 내린 경험이 없는 정도
   ② [낮은 수준] 주식과 채권의 차이를 구별할 수 있는 정도
   ③ [높은 수준] 투자할 수 있는 거의 모든 금융 상품의 차이를 구별할 수 있는 정도
   ④ [매우 높은 수준] 금융 상품을 비롯해 모든 투자 대상 상품의 차이를 이해하는 정도

5. 투자하고자 하는 자금이 전체 금융 자산(부동산 등을 제외)에서 어느 정도 비중을 차지하나요?

① 10% 이내 ② 10% 이상~20% 이내 ③ 20% 이상~30% 이내
④ 30% 이상~40% 이내 ⑤ 40% 이상

6. 당신의 수입원을 가장 잘 나타내는 것은 무엇인가요?
   ① 현재 일정한 수입이 있으며 앞으로 현재 수준을 유지하거나 증가할 것으로 예상된다.
   ② 현재 일정한 수입이 있지만 앞으로 감소하거나 불안정할 것으로 예상된다.
   ③ 현재 일정한 수입이 없으며 연금이 주 수입원이다.

7. 투자 원금이 손실될 경우 감수할 수 있는 손실 수준은 어느 정도인가요?
   ① 무슨 일이 있어도 투자 원금은 보전해야 한다.
   ② 10% 미만까지는 손실을 감수할 수 있을 것 같다.
   ③ 20% 미만까지는 손실을 감수할 수 있을 것 같다.
   ④ 기대 수익이 높으면 위험이 높아도 상관하지 않겠다.

구분		문항						
		1번	2번	3번	4번	5번	6번	7번
보기	①	12.5점	3.1점	3.1점	3.1점	15.6점	9.3점	−6.2점
	②	12.5점	6.2점	6.2점	6.2점	12.5점	6.2점	6.2점
	③	9.3점	9.3점	9.3점	9.3점	9.3점	3.1점	12.5점
	④	6.2점	12.5점	12.5점	12.5점	6.2점	–	18.7점
	⑤	3.1점	15.6점	15.6점	–	3.1점	–	–

투자 성향	점수
① 안정형	20점 이하
② 안정 추구형	20점 초과~40점 이하
③ 위험 중립형	40점 초과~60점 이하
④ 적극 투자형	60점 초과~80점 이하
⑤ 공격 투자형	80점 초과

자, 자신의 답을 점수로 환산해 자신의 투자 성향을 체크해 보자. 5개의 성향이 갖는 특징은 아래와 같다.

① **안정형** 예금이나 적금 수준의 수익률을 기대하며, 투자 원금에 손실이 발생하는 것을 원하지 않는다. 원금 손실의 우려가 없는 상품에 투자하는 것이 바람직하며 CMA와 MMF가 좋다.

② **안정 추구형** 투자 원금의 손실 위험은 최소화하고, 이자 소득이나 배당 소득 수준의 안정적인 투자를 목표로 한다. 다만 수익을 위해 단기적인 손실을 수용할 수 있으며, 예·적금보다 높은 수익을 위해 자산의 일부를 변동성 높은 상품에 투자할 의향이 있다. 채권형 펀드가 적당하며, 그중에서도 장기회사채 펀드 등이 좋다.

③ **위험 중립형** 투자에는 그에 상응하는 투자 위험이 있음을 충분히 인식하고 있으며, 예·적금보다 높은 수익을 기대할 수 있다면 일정 수준의 손실 위험을 감수할 수 있다. 적립식 펀드나 주가연동 상품처럼 중위험 펀드로 분류되는 상품을 선택하는 것이 좋다.

④ **적극 투자형** 투자 원금의 보전보다는 위험을 감수하더라도 높은 수준의 투자 수익을 추구한다. 투자 자금의 상당 부분을 주식 또는 주식형 펀드, 파생 상품 등 위험 자산에 투자할 의향이 있다. 국내외 주식형 펀드와 원금비보장형 주가연계증권(ELS) 등 고수익, 고위험 상품에 투자할 수 있다.

⑤ **공격 투자형** 시장의 평균 수익률을 훨씬 넘어서는 높은 수준의 투자 수익을 추구하며, 이를 위해 자산 가치의 변동에 따른 손실 위험도 적극 수용할 수 있다. 투자 자금의 대부분을 주식, 주식형 펀드 또는 파생 상품 등의 위험 자산에 투자할 의향이 있다. 주식 비중이 70% 이상인 고위험 펀드가 적당하고, 자산의 10% 정도는 직접 투자(주식)도 고려해 볼 만하다.

잘 모이는 공식 25 투자의 기본 공식 2

1. 자신의 투자 성향이 공격적일수록 위험 자산의 비중을 높일 수 있다.
   → 투자 성향보다 더 적극적인 투자는 삼가라.
2. 자신의 투자 가능 기간이 길수록 위험 자산의 비중을 높일 수 있다.
   → 단기 자금으로는 적극적인 투자를 삼가라.
3. 자신의 자금 성격이 여유 자금일수록 위험 자산의 비중을 높일 수 있다.
   → 여유 자금이 아니면 투자를 삼가라.
4. 손실 최대 금액을 미리 설정하고, 성공이나 실패에 따라 급격하게 투자 금액이나 성향 등을 바꾸지 않도록 한다.

높은 투자 수익률의 진짜 비결

최초의 우리나라 주식 시장인 한국증권거래소는 1983년에 개장했다. 그로부터 30년이 된 2013년에 주식을 포함해 부동산, 금, 채권, 원자재 등 각종 투자 자산에 대한 수익률을 비교해 보니 재미있는 결과가 나왔다. 주식이 수익률 2,790퍼센트로 1위였고 의외로 채권이 1,610퍼센트로 2위, 부동산은 420퍼센트로 그리 높게 나타나지 않았다.

수익률 1위가 주식이라고 하지만 주변에서 주식으로 돈을 벌었다는 사람은 눈을 씻고 찾아봐도 찾기 어렵다. 하지만 최근까지도 부동산으로 돈을 벌었다는 사람은 쉽게 찾을 수 있다. 말 그대로 통계의 오류라고 봐야 옳을 것이다. 1983년에 100만 원을 주식에 투자해 30년간 보유했다면 신문 기사의 통계보다 훨씬 높은 엄청난 수익률이 가능했을 것이다.

하지만 누구도 주식을 30년간 보유하는 사람은 없다. 높은 수익률은 그림의 떡인 것이다. 굳이 찾자면 기업의 지배 구조 문제로 주식을 팔 수 없었던 대주주뿐이다. 결과적으로 지난 30년간 대주주들만 큰돈을 벌었다. 낮은 수익률에도 불구하고 채권이 누적으로 높은 수익률이 나온 이유는 무엇일까? 개인보다는 금융기관이 장기적으로 보유할 수밖에 없는 이유로 높은 수치가 나왔을 것으로 짐작된다.

그렇다면 부동산이 낮게 나온 이유는 무엇일까? 부동산 가격이 과거 상당 기간 동안 실제 거래된 가격과 기준 시가가 엄청난 차이가 있었다는 것을 감안해야 할 것이다. 또한 장기 보유하면 대부분 소멸되는 세금 문제를 감안하지 않고 세금 부분을 일률적으로 계산했기 때문일 수도 있다.

이런 자료가 우리에게 시사하는 것은 무엇일까? 세상의 모든 이치가 그러하듯 사실incident과 진실fact은 엄연히 다르다는 것이다. 이 통계 자료는 사실이다. 하지만 진실은 아닌 것이다. 한발 들어가서 그 속내를 살펴보면 진실은 좀 달라진다. 통계로는 수익률 1위를 기록한 주식이 현실에서 1위를 하지 못하는 이유는 유동성liquidity 때문이다. 언제든 현금화할 수 있는 특징을 유동성이라 한다. 이 유동성이 근본적으로 장기 투자를 불가능하게 만든다.

반면 실제로 돈을 많이 벌어서 수익률이 높다고 하는 부동산은 어떠한가? 유동성이 매우 떨어지는 자산이다. 1가구 1주택이라 해도 집값이 올라가면 세금을 면제 받기 위해 일정 기간 보유해야 하는 거래금지 조항도 있다. 내가 살고 있는 주택이 올랐다고 몇 달도 안 돼서 파는 사람은 거의 없다. 진짜 대박 수익률은 투자 자산의 속성보다 장기 투자에 있다는 사실을 알 수 있다.

투자 자산이 수익률에 있어 중요한 역할을 하는 것은 사실이다. 하지만 잘모공들이 절대 놓쳐서는 안 되는 진실은 유동성이 높은 자산은 결코 높은 수익률을 낼 수 없다는 점이다. 적금이나 펀드로 노후 준비를 하는 사람은 백이면 백 모두 실패하지만, 절대로 건드릴 수 없는 국민연금이나 개인연금저축이 최선은 아닐지라도 그나마 훌륭한 차선이 되는 원리와 같다고 할 수 있다. 잘 모이는 공식의 핵심 투자 공식은 명확한 목표를 세워 최대한 유동성을 통제하는 것에 달려 있다고 할 수 있다.

잘 모이는 공식 26 투자의 기본 공식 3

1. 유동성과 수익률은 반비례한다.
2. 높은 수익률은 유동성이 낮은 자산에서 이루어진다.
   → 목표의 명확성을 높여 유동성을 줄이는 것이 높은 수익률을 낼 수 있는 핵심 요소다.

주가는 어떻게 결정되는가

당신은 강남에 대규모 치킨집을 열고 싶은데 시장조사를 해보니 총 10억이란 자금이 필요했다. 현재 당신이 가지고 있는 자금은 5억으로 나머지 5억은 은행에서 빌리기로 하고 10억으로 치킨집을 차렸다. 이 치킨집을 기업으로 간주했을 때 재무상태표(재무제표)는 이렇다.

■ **2017년 3월 주식회사 치킨집의 재무상태표**

차변	대변
자산 10억	부채 5억
	자본 5억

자산 총액 = 부채 총액 + 자본 총액, 총 자산 − 부채 = 자본(순자산)

이 치킨집이 주식 시장에 상장된다면 적정 주가는 얼마일까? 아직 영업을 시작하지 않았으니 현재 이 치킨집의 가치는 가지고 있는 재산이 전부일 것이다. 현재 순자산은 5억으로 주가는 다음과 같다.

주식을 1주만 발행한다면 주당 5억 원

주식을 10주 발행한다면 주당 5,000만 원

주식을 100주 발행한다면 주당 500만 원

당분간 사장인 당신도 월급만 받고 초과 수익은 모두 치킨집의 공금 통장에 적립하기로 했다. 1년간 영업을 해보고 결산하니 연간 매출이 10억 원, 사장을 비롯한 직원들 인건비와 임대료 등 각종 비용으로 8억 원을 써서 연간 순이익으로 2억 원이 남았다고 하자. 연간 순이익을 배당으로 빼가지 않았다면 1년 후의 재무상태표는 다음과 같이 변해 있을 것이다. 순이익으로 2억 원이 생겼으니 순자산은 2억 원이 증가한 7억 원이 되었다.

■ **2018년 3월 주식회사 치킨집의 재무상태표**

차변	대변
자산 12억 2억 증가	부채 5억
	자본 7억 2억 증가

이제 이 치킨집의 적정 주가는 얼마일까? 쉽게 짐작하겠지만 다음과 같다.

주식을 1주만 발행한다면 주당 7억 원

주식을 10주 발행한다면 주당 7,000만 원

주식을 100주 발행한다면 주당 700만 원

치킨집의 주식이 100주 발행되었는데 어떤 사람이 2018년 3월에 주식 한 주를 샀다고 가정하자. 만약 이 치킨집이 매년 지금과 같은 영업이익을 낸다고 예상한다면 한 주당 주식 가치도 매년 200만 원씩 올라갈 것이다. 그럴 경우 현재의 재산 가치인 주당 700만 원보다 높은 프리미엄을 주고 이 주식을 사겠다는 사람이 나타날 수도 있다. 이것이 주가가 시장에서 상승하는 요인이다.

그런데 반대로 앞으로 적자가 날 수도 있어 현재 순자산(자본)을 까먹을지도 모른다고 예상되면 현재의 재산 가치인 주당 700만 원에도 사려는 사람이 없을 수도 있다. 앞으로 이 치킨집의 미래 수익을 정확히 예측할 수 없기 때문이다. 결국 주식 가격이란 기업의 주당 재산 가치와 주당 미래의 수익 가치가 결합되었다는 사실을 알 수 있다.

주가의 구성 요인
주가 = ⓐ 주당 재산 가치 + ⓑ 주당 수익 가치

당신이 어떤 기업의 주식을 사서 주식투자를 하고 싶다면 가장 먼저 이 두 가지 사실을 확인해야 한다. 그래야만 적정 주가와 앞으로의 예상 주가를 예측할 수 있기 때문이다.

> **주식투자를 하기 전에 먼저 기업 분석을 한다**
> 첫째 이 회사의 재산이 얼마인가? → ⓐ 주당 재산 가치는 얼마인가?
> 둘째 이 회사가 얼마를 버는가? → ⓑ 주당 수익 가치는 얼마인가?

당신한테 혼기가 꽉 찬 딸이 있는데 신랑감을 데려왔다고 가정해 보자. 당신은 사윗감한테 무엇을 물어보고 싶은가? 대부분 어떤 집안인지 또 직업이 무엇인지 궁금해할 것이다. 사실 이 둘은 밀접한 관계가 있다. 집안을 물어보는 이유는 사윗감의 재산 가치가 궁금한 것이고 직업은 미래 수익 가치를 물어보는 것이다.

그런데 이처럼 명확해 보이는 적정 주가가 현실인 시장에서는 정말 예측하기 어려운 이유는 무엇일까? 기업은 매일 매출 활동과 비용 활동을 하고 있으며 그에 따라 손실과 수익이 발생하며 구체적으로 기록되지는 못하지만 지금 이 순간에도 재무상태표가 변화하는 생물체 같기 때문이다. 어떤 특정 시점에 장부 가치Book Value가 매일 변화하는 시장 가치Market Value(=오늘의 주가)와 정확히 일치하지 않아서다.

하지만 시간의 차이는 있을 수 있지만 분명한 사실은 시장 가치는 장부 가치에 수렴한다는 사실이다. 앞서 말한 치킨집이 매년 수익이 나고

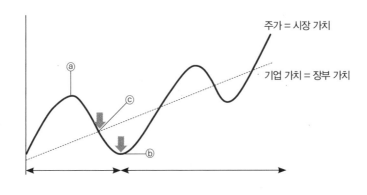

장부 가치가 그림과 같이 꾸준히 상승한다면 시장에서의 가치인 주가도
시장 참여자들에 의해 때론 비싸게(a), 때론 싸게(b) 거래되겠지만 큰 틀
에서는 기업 가치(c)를 벗어나지 못한다.

그래서 주가와 기업 가치의 관계는 흔히 산책을 나온 주인과 애완견
에 비유되기도 한다. 산책을 나온 애완견은 주인 곁에 있기도 하고 때로
는 멀리 벗어나기도 하지만 시간이 지나면 주인이 걸어가는 방향대로
따라오는 것과 같은 이치다. 당신이 주식투자를 하고 싶다면 무엇보다
기업 가치의 변화를 읽는 연습이 반드시 필요하다. 주인이 가는 방향을
알아야 애완견의 방향도 알 수 있으니 말이다.

내가 투자하는 기업의 지표는 어떠한가?

1. 주당 순이익 EPS Earning Per Share

당기 순이익을 주식 수로 나눈 값이다. 주당 순이익이 높다는 것은 그만큼 경영 실적이 양호하다는 뜻이며 배당 여력도 많아 주가에 긍정적인 영향을 미친다. 주식 시장의 패턴이 기업의 수익성을 중시하는 쪽으로 바뀌면서 주당 순이익의 크기가 중시되고 있다. 앞서 설명한 ⓑ 주당 수익 가치를 보여주는 지표라 할 것이다.

2. 주가 수익 비율 PER Price-Earning Ratio

PER은 특정 주식의 주당 시가를 주당 이익(EPS)으로 나눈 수치로, 현재 주가가 한 주당 수익의 몇 배가 되는가를 나타낸다. 주식 가격이 5만 원이라 하고 한 주당 수익이 8,000원이라면 PER는 6.25가 된다. 여기에서 PER이 높다는 것은 주당 이익에 비해 주식 가격이 높다는 것을 의미하고 PER이 낮다는 것은 주당 이익에 비해 주식 가격이 낮다는 것을 의미한다. 그러므로 PER이 낮은 주식은 앞으로 주식 가격이 상승할 가능성이 크다고 볼 수 있다. 하지만 이 지수는 수시로 변화하므로 계속적인 관찰이 필요하다.

3. 자기 자본 이익률 ROE Return On Equity

주주의 순자산(자본)을 사용해 이익을 어느 정도 올리고 있는지를 나타내는 것으로, 주주 지분에 대한 운용 효율을 나타내는 지표다. 주식 시장에서는 자기 자본 이익률이 높을수록 주가가 높게 형성되는 경향이 있어 투자 지표로도 사용된다. 자산 수익률과 더불어 경영 효율을 판단하는 대표적인 재무 지표다.

4. 주가 순자산 비율 PBR Price on Book-value Ratio

주가를 한 주당 순자산(장부 가격에 의한 주주 소유분)으로 나눈 것으로, 주가가 한 주당 순자산의 몇 배로 매매되고 있는지를 표시하며 PER과 함께 주가의 상대적 수준을 나타낸다. 주가는 그 회사의 종합적인 평가이므로 주주 소유분을 초과한 부분은 모두 그 회사의 잠재적인 프리미엄이 되기 때문에 경영의 종합력이 뛰어나면 뛰어날 수록 비율이 높아진다고 할 수 있다.

5. 부채 비율 Debt Ratio

회사의 부채 총액을 자기 자본액으로 나눈 백분율로, 기업 자본 구성의 안전도, 특히 타인 자본 의존도를 표시하는 지표다. 일반적으로 100% 이하를 표준 비율로 보고 있지만 이와 같은 입장은 여신자 측에서 채권 회수의 안전성만 고려한 것이다. 기업 경영의 측면에서는 단기적 채무 변제의 압박을 받지 않는 한, 투자 수익률이 이자율을 상회하면 타인 자본을 계속 이용하는 것이 유리하다.

잘 모이는 공식 27 **투자의 기본 공식 4**

1. 주식투자, 주가는 기업 가치에 수렴한다.
   - 재무상태표 : 특정 시점의 기업 현황을 나타낸다(기업 가치=장부 가치).
   - 현재 주가(시장 가치) : 장부 가치 + 미래의 수익 가치
2. 주가의 변동을 보기보다 기업 가치가 어떻게 변화하는지 관찰하는 것이 투자의 핵심이다. → 기업 가치의 변화를 읽는 기초적인 지수(PER, ROE, PBR, EPS, 부채 비율) 공부하기

02

자녀교육비의 공식,
파레토의 법칙

인생을 살아가면서 반드시 내 주머니에서 나가야 하는 다섯 가지 돈을 일컬어 인생의 5대 자금이라고 한다. 결혼, 주택, 자녀교육, 노후, 긴급예비 자금이 그것이다.

이 중에서 한꺼번에 큰돈이 나가야 하는 현금 흐름인 결혼이나 주택은 목돈이란 의미에서 자금이라 말한다. 이에 비해 한꺼번에 큰돈은 아니지만 오랜 시간 계속해서 지출되는 현금 흐름인 자녀교육과 노후 비용은 자금보다는 자녀교육 비용과 노후 소득이라는 표현이 더 적절할수 있다. 비용이란 말 그대로 내 주머니를 떠난 다음 어떤 식으로도 다시 돌아오지 않는다는 것을 의미한다.

인생의 5대 자금 속성

구분	일시금		분할금		
	결혼 자금	주택 자금	자녀교육비	노후 소득	긴급예비비
기간	단기	단기~단중기	중장기	장기	수시

일시금: 한꺼번에 큰돈이 나가야 하는 현금 흐름(사람들이 비교적 잘 준비한다.)
분할금: 일정 기간 계속해서 나가야 하는 현금 흐름(사람들이 잘 준비하지 못한다.)

보통 결혼이나 주택 자금에 비해 자녀교육비는 잘 모으는 사람이 거의 없다. 한꺼번에 필요한 목돈이라면 잘 모으려 하겠지만 앞으로 일정 기간에 나누어 들어가는 비용이기 때문에 상대적으로 철저히 준비하는 사람이 많지 않다. 앞서 설명했듯이 랜덤의 불확실한 영역으로 치부하고 마는 것이다. 한국보건사회연구원의 발표에 의하면 자녀 1인당 미취학부터 대학 졸업까지 필요한 양육비와 교육비가 총 2억 7,514만 원이라고 한다.

여기에 생활비 성격인 양육비를 빼고 순수한 교육비만 계산하면 얼마나 될까? 이 부분에 대해서는 정확한 통계를 찾을 수 없지만, 이 금액에서 교육비가 차지하는 비중이 절반 이상은 될 거라 추측할 수 있다. 교육비가 1.5억~2억 정도는 족히 된다고 볼 수 있다. 현실이 이러함에도 많은 돈이 나가는 교육비를 막연히 미루기만 하면 어떻게 될까?

어떻게 준비해야 할까

현재 자녀를 키우는 많은 사람의 모습에서 그 답을 찾을 수 있다. 기혼자는 대부분 미혼에 비해 훨씬 더 많은 월급을 받지만 자녀교육비로 인해 삶은 훨씬 더 팍팍하다. 과연 자녀교육비는 어떻게 준비해야만 할까? 평균 2억에 가까운 돈을 자녀가 성장하는 동안 저축으로 모은다는 것은 정말 어렵다. 자녀교육비는 말 그대로 부모의 소득으로 감당하는 것이 100퍼센트라고 봐야 한다.

결혼해서 저축의 황금기에 소득의 55퍼센트 수준, 저축 여력의 70퍼센트 수준을 주택 마련에 쏟아 부어야 하는 상황에서 자녀교육비 전액을 저축으로 모은다는 것은 전혀 현실적이지 않다. 우리의 정서로 자녀교육을 대학 졸업까지 본다면 자녀교육비 문제는 자녀가 대학을 졸업할 때까지 부모가 소득이 있어야 한다는 걸 의미한다. 결국 자녀교육비는 부모의 소득 기간과 밀접한 관계가 있다.

> 자녀교육비 문제 = 부모의 소득 문제 (소득 연장의 꿈)

그렇다면 자녀교육비를 미래의 소득에 맡기고 전혀 준비하지 않아도 될까? 필자의 경험으로는 절대 그래서는 안 된다. 대부분의 가정이 자녀가 중고등학교에 진학하면 저축을 못한다고 설명했다. 교육 자금으로 따로 저축해 놓은 돈이 전혀 없다 보니 교육비를 전적으로 소득에 의존한 결과다. 결혼 15년 차 이후부터 은퇴 시기까지 잉여 자금이 전혀 없이 생활한다면 자녀교육이나 노후 등이 연쇄적으로 무너지는 도미노 현상이 발생하며 이는 큰 부담으로 다가올 수밖에 없다.

때문에 이 시기에는 저축 황금기에는 못 미쳐도 약간의 잉여 자금을 확보해야 한다. 그래야만 개인의 성향에 따라 노후나 창업 준비 또는 추가적으로 자녀교육비에 좀 더 투자할 여력이 생기고, 최소한 발 뻗을 공간이 생긴다. 자녀교육비는 많은 부분을 미래 소득에 의존해야 하지만

■ 자녀교육비를 미래 소득에만 의존하는 경우

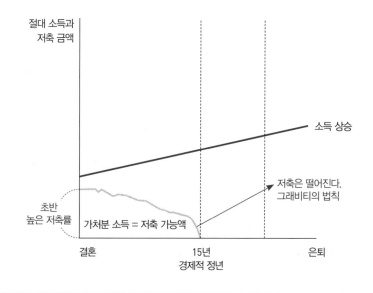

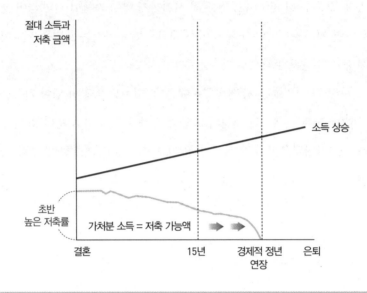

■ 소득 80과 저축 20으로 분담해서 준비하는 경우

절대 소득과
저축 금액

소득 상승

초반
높은 저축률

가처분 소득 = 저축 가능액

결혼   15년   경제적 정년   은퇴
                          연장

일찍부터 조금씩 준비할 필요가 있으며, 소득 80퍼센트와 저축 20퍼센트로 분담하는 것이 이상적이다. 이것이 교육 비용을 만드는 파레토의 법칙이다. 20퍼센트면 금액이 얼마나 될까? 16년간 2억의 교육 비용을 가정하면 최소 3,000만~4,000만 원을 저축으로 준비한다는 의미다.

자녀가 태어나서 고등학교에 입학하는 시점까지 저축으로 이 정도 금액을 모으려면 이자율 2퍼센트를 기준으로 월 18만 원 정도가 필요하다. 이 정도 수준이면 돈이 없어서 못한다기보다는 결심의 문제일 수도 있다. 하지만 이 20퍼센트의 실행이 나머지 80퍼센트의 노력을 좌지우지할 만큼 중요하다는 것을 반드시 기억해야 한다.

그렇다면 자녀교육비를 마련하기 위해서는 어떤 저축을 하는 게 유리할까? 만기가 정해진 단기 상품은 목적과 달리 다른 용도로 쓰게 되는 유혹이 많을 수 있다. 장기간 유지하면서 입출금이 자유로운 상품이 바람직하다. 투자형 상품을 선호한다면 단기적인 수익률에 민감한 액티브형 펀드보다는 인덱스 펀드나 채권의 비중이 높은 안정된 펀드를 권한다. 금리형 상품을 원한다면 보험사의 자녀교육 저축보험 등이 바람직하다.

자녀가 태어난 시점을 시작으로 자녀교육비를 위한 기금으로 확실한 이름표를 붙여 꾸준히 모은다면 자녀에게 동기부여도 줄 수 있는 좋은 기회가 될 것이다.

잘 모이는 공식 28 **자녀교육비의 공식**

소득 80%와 저축 20%로 준비한다. 교육 자금은 소득의 80%에 의존하지만 장기저축을 통한 20%의 준비가 더 중요할 수 있다.
1. 결혼 후 15년 이후에 자녀교육비로 인한 부담을 덜어 준다.
2. 결혼 후 15년 이후에 노후와 창업 준비, 추가적인 교육비 준비 등에 유리하다.
3. 경제적인 정년 시기를 연장시켜 준다(저축 가능 시기가 연장된다).

03

노후 소득의 공식 하나, 타임 레버리지를 이용하라

인생의 5대 자금 가운데 가장 먼 미래에 필요하지만 가장 많은 돈이 필요한 것이 노후 자금이다. 과거에는 퇴직금을 대부분 목돈으로 받았지만 이제는 매월 연금으로 받는 것을 선호한다. 과거와 달리 고수익을 올리기 힘든 환경이기 때문이다. 이런 이유로 은퇴 이후를 이야기할 때 노후 자금보다 노후 소득이라는 표현이 적절하다고 생각한다.

그런데 노후 준비는 가장 시간이 많이 남아 있다는 이유로 누구에게나 최우선 관심사가 되지 못한다. 하지만 엄밀히 말하면 가장 많은 돈이 들어가므로 마냥 미룰 수도 없다. 당신은 안정적인 노후를 위해 돈이 얼마나 필요할 거라 생각하는가?

우리나라는 산업화가 진행되었던 1960~70년대 전만 해도 농업 국가였다. 국민의 상당수가 농업에 종사했고 자녀교육에 대한 뒷바라지만 끝나면 먹고사는 문제는 어느 정도 자급자족이 가능했다. 때문에 노후 생활에 그다지 큰돈이 필요하지 않았다. 하지만 1970년대 이후 도시화가 빠르게 진행되었고 지금은 인구의 80퍼센트 이상이 도시에서 거주한다. 이제 은퇴 이후에도 도시에서 생활해야 하며 기본 생활비는 수직 상승했다.

특히 1970년대 이후 태어난 세대는 의식주 외에 여가와 문화생활을 즐기는 도시형 라이프스타일을 갖고 있다. 각자 처한 상황과 소득에 따라 다르지만 1970년대 이후 태어나 도시에서 자라고 인터넷과 스마트폰을 사용하고 있다면 은퇴 이후 부부를 기준으로 할 때 현재 화폐 가치로 월 300만 원의 생활비는 필수적이라고 봐야 한다.

도시형 라이프스타일 노후 생활비(부부 기준)
1970년 이후 출생해 스마트폰과 인터넷을 사용한다면 은퇴 후 월 300만 원이 평생 필요하다.

누군가는 300만 원의 생활비가 너무 많다고 할 수 있고, 또 누군가는 너무 적지 않느냐고 반문할지도 모르겠다. 너무 적다는 의견에는 공감할 수 있지만 도시형 라이프스타일의 성장 배경을 가진 사람이 월 300만 원이 많다는 반론에는 절대 동감할 수 없다. 분명 지금 세대는 1950년대 이전에 태어난 지금 세대의 부모님이나 조부모님 세대와는 모든 면에서 완전히 다르기 때문이다.

당신은 노후 준비를 어떻게 하고 있는가? 쉽게 말해 노후 소득을 어떻게 만들어야 할까? 우리가 반드시 기억해야 하는 노후 준비의 핵심 원리는 두 가지다. 잘모공이 노후 준비를 하는 핵심 공식은 타임 레버리지 time leverage와 소득 포트폴리오다.

노후는 한두 해 준비로는 불가능하다

잘 알려진 사실이지만 세계적인 기업도 30년을 주기로 성장과 쇠퇴를 반복한다. 한 치 앞을 내다볼 수 없는 경제 상황에서 당신이 현재 돈을 아주 잘 버는 CEO라고 가정해 보자. 회사가 좋은 성과를 내는 만큼 어떤 방식으로든 직원들에게 수익의 일부를 나누어 주어야 한다. 당신이라면 지금 당장 많은 돈을 주겠는가? 아니면 지금 적게 주고 미래에 훨씬 더 많은 금액을 약속하겠는가?

신중하게 생각해 보자. 여기서 생각해 볼 문제는 회사가 앞으로도 지금처럼 잘될 거라고 보장할 수 없다는 사실이다. 나중에 훨씬 더 많은 돈을 주겠다는 약속은 엄청난 부담이 될 것이다. 지금 돈이 있을 때 적절하게 나눠 주는 것이 훨씬 더 합리적이다. 때문에 많은 기업이 직원들의 먼 미래를 보장하기보다 현재 경제 상황이 좋을 때 높은 급여와 보너스를 지급한다.

반면 당신 회사가 지금은 수익이 높지 않아 많은 급여를 줄 수 없지만 앞으로도 생존이 100퍼센트 확실하다면 어떻게 할 것인가? 지금 당장은 급여가 적지만 나중에 더 많이 주겠다는 약속으로 직원들을 붙잡아 두려 할 것이다. 하지만 미래의 생존을 100퍼센트 확신할 수 있는 회사가 있을까?

민영기업에서는 절대 있을 수 없는 일이다. 누구나 잘 아는 정부라는 기업이 유일할 것이다. 정부는 세금을 거둬들이기 때문에 수익이 영원히 보장되는 유일한 기업이다. 지금은 급여를 적게 주더라도 나중에 더 많은 혜택을 주겠다고 약속할 수 있다. 정부라는 기업에 이런 조건으로 채용되어 일하는 사람이 바로 공무원이다. 공무원은 지금 당장은 적은 급여를 받지만 안정된 노후 자금으로 부러움의 대상이 되고 있다. 공무원연금이 그 주인공이다.

공무원연금은 죽을 때까지 법으로 지급이 보장되어 아무리 오래 살아도 문제가 없으니 수명 리스크도 없다. 또 매월 무조건 지급되기 때문에 임대용 부동산처럼 공실 리스크도 없다. 그렇다면 공무원연금은 전액을 정부가 보장하는 것일까? 전혀 그렇지 않다.

공무원연금은 근무하는 동안 소득의 14퍼센트를 매월 강제로 떼어 적립한다. 누구나 부러워하는 공무원연금도 그 기본은 오랜 시간 만들어진 타임 레버리지, 즉 시간의 지렛대가 만들어 낸 결과물인 셈이다. 매월 소득의 14퍼센트를 근무 연수만큼 적립해서는 안정적인 공무원연금액을 마련할 수 없어 나머지는 정부가 메워 주는 방식으로 운영된다. 당신이 공무원이 아니라면 마냥 공무원연금을 부러워할 것이 아니라 노후 준비에 있어 공무원처럼 타임 레버리지를 만들어야 한다. 그런데 공무원연금에 숨어 있는 타임 레버리지를 따라 하기 위해서는 반드시 이 두 가지를 실천해야 한다.

> **공무원연금과 같은 타임 레버리지를 위한 두 가지 약속**
> 첫째, 퇴직연금을 중간에 정산하지 않겠다는 약속이다.
> 둘째, 개인연금의 조기 가입이다.

이 두 가지가 왜 반드시 필요한지 살펴보자. 공무원들에게 공무원연금이 있다면, 일반 국민에게는 국민연금이 있다. 국민연금은 소득의 9퍼센트를 적립하고 정부가 지급을 보증한다. 하지만 공무원연금과 달리 약속한 금액을 100퍼센트 법으로 보장해 메우는 것이 불가능하기 때문에 지금의 연금 수급 조건으로 약속한 금액을 100퍼센트 받을 것이라고 확신하는 국민은 없을 것이다. 그에 상응하는 보완 조치가 이 시기에 이루어져야 한다.

공무원은 퇴직할 때까지 일반인처럼 퇴직금을 중간 정산해서 돈을 쓰지 못한다. 또한 연금액의 부족분을 메워 주는 어떤 장치도 없다. 고영훈(27세) 씨는 부푼 꿈을 안고 광고회사에 입사한 신입 사원이다. 수습 기간이 끝나고 이번 달에 정식으로 첫 월급을 받았다. 그가 받은 월급은

세금을 떼기 전 세전 소득으로 275만 원으로 찍혀 있었다. 고영훈 씨가 정년인 57세까지 근무할 경우 퇴직 시 받게 될 퇴직금은 얼마나 될까?

매년 임금 인상률 3.5퍼센트, 퇴직연금의 수익률 4퍼센트, 매년 인플레이션 2퍼센트를 계산하면 57세 퇴직 시점의 퇴직금 적립액은 2억 4,974만 원이다. 이를 현재의 화폐 가치로 계산하면 1억 3,786만 원이 된다. 25년 정도 노후 생활을 할 경우 월 43만 원 정도가 확보되는 큰돈이다.

하지만 57세 은퇴 시점까지 퇴직금이나 퇴직연금 적립액이 전부 남아 있을까 하는 의문이 든다. 한마디로 퇴직금은 특별한 구속력이 없다는 말이다. 공무원연금은 인출 자체가 불가능하지만 퇴직금은 중간 정산

■ 고영훈 씨가 받게 될 퇴직금

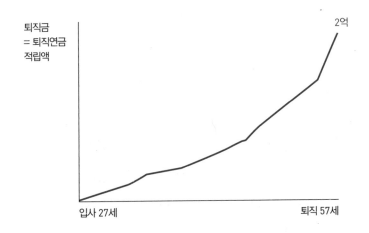

도 가능하고, 퇴직연금도 회사를 이직하거나 퇴직할 때 일시금으로 수령이 가능하다. 자신이 노후에 필요한 생활비를 지속적으로 확보하기 위해서는 퇴직금과 퇴직연금을 다른 용도로 절대 사용하지 않겠다는 의식 전환과 약속이 필요하다. 쉽게 말해 퇴직금을 자신의 돈으로 생각해서는 안 된다는 뜻이다.

퇴직금이 자신의 돈이 아니면 누구의 돈이란 말일까? 퇴직금이나 퇴직연금은 소득이 상실된 '미래의 나'의 돈이다. 소득이 있는 '현재의 나'의 돈이 절대 아니라는 말이다. 그럼에도 현실에서는 퇴직금을 너무나 쉽게 인출한다. 회사를 옮기거나 개인적인 사유로 '미래의 나'에게 쉽게 돈을 빼앗아 버린다. 많은 사람이 노후를 위해 공무원에 비해 더 적은 돈을 적립하고 있으며 또 그 돈은 어떤 보장도 따라붙지 않는다. 그런데다 너무나 쉽게 중간에 찾아 쓰기 일쑤다. 자신이 해야 하는 의무는 등한시하면서 공무원연금만 부러워하는 셈이다.

공무원 못지않은 노후 준비하기

그렇다면 퇴직금만으로 비슷한 소득 수준의 공무원과 비슷하게 노후를 준비할 수 있을까? 안타깝지만 그건 불가능하다. 좀 더 이른 시기에 개인연금에 가입해 부족한 부분을 보완해야 한다. 여기서도 조기라는 단서가 붙는 이유는 빠르면 빠를수록 적은 금액을 납입하기 때문이다. 일찍 시작한다면 공무원연금과 마찬가지로 높은 타임 레버리지 효과를 볼 수 있다. 아래 공무원과 일반인의 노후 준비를 비교한 표를 보면 일반인이 공무원에 비해 강제적인 노후 준비가 턱없이 부족하다는 것을 알 수 있다.

● 공무원과 일반인의 노후 준비 비교

구분		공무원	일반인	
			직장인	자영업자
예상 소득대체율		60%	30%	없음
소득대체율 보장		법으로 보장	보장 없음	보장 없음
강제 적립	공적연금	공무원연금 소득 14%	국민연금 소득 9%	없음
	퇴직금 또는 퇴직연금	없음	연봉 1/12	없음
선택 적립	개인연금	선택 가입	선택 가입	선택 가입

소득대체율이란? 재직 기간의 평균 소득 대비 퇴직 후 받게 되는 노후 소득의 비율을 말하며 현재 공무원연금은 60% 정도를 목표로 정해 놓았고, 국민연금은 30% 내외다.

상담할 때 많은 사람이 개인연금의 가입으로 노후 준비를 보완할 수 있냐고 질문한다. 질문의 내용은 아래와 같다.

> **개인연금과 관련해 가장 많이 하는 질문**
> 1. 개인연금은 꼭 가입해야 하는가?(안 하면 안 되는가?)
> 2. 다른 방법으로 노후를 준비할 수는 없나?(적금, 펀드, 부동산 등)

근로소득자라면 퇴직연금은 필수겠지만 개인연금의 경우는 선택적으로 가입하기 때문에 가입에 대한 논란은 여전히 뜨거운 감자다. 첫 번째인 개인연금은 꼭 가입해야 하는가 하는 질문을 받으면 필자는 이렇게 대답한다. 목돈이 아니라 매월 발생하는 소득으로 노후를 준비할 수 있는 다른 방법이 있는지 되묻는다. 두 번째 질문처럼 적금이나 펀드도 있을 수 있지만 세 가지 이유로 노후 생활비를 안정적으로 준비하는 데 있어 개인연금은 둘도 없는 최선책은 아닐지라도 최고의 차선책이다.

노후 준비에 있어 적금과 펀드의 약점
1. 노후까지 남아 있지 않는다(바인딩, 구속력이 없음).
2. 노후에 생활비로 인출할 경우 평생 이자소득세가 과세된다.
3. 적금은 낮은 이율, 펀드는 높은 후취 수수료(장기 투자에 불리함)를 내야 한다.

만약 국민연금의 인출이 자유롭다면 어떻게 될까? 경제적으로 위급할 때 생활비나 주택 자금으로 임시 융통해 사용하는 등 노후까지 돈이 남아 있지 않을 것이다. 마찬가지로 적금이나 펀드는 인출이 자유롭기 때문에 바인딩(구속력)이 없다. 노후 자금이 정작 필요할 때 노후 자금으로 남아 있을 가능성이 거의 없다는 말이다.

적금의 경우 낮은 이자율에도 불구하고 아무리 장기간 유지해도 이자소득세를 피할 방법이 없다. 단기 적금은 워낙 적은 금액이라 이자소득세를 무시할 수 있어도 20년간 유지한다면 이자소득세의 비용도 결코 낮지 않다. 펀드는 이자소득세는 없지만 납입 금액에서 떼는 선취 비용보다 적립금에서 떼는 후취 비용이 높아 장기간 유지하게 되면 비용이 급격히 커지는 특징이 있다. 즉 노후 자금같이 장기 유지가 필요한 경우에는 불리하다.

반면 개인연금 상품은 선취 비용(사업비)은 높지만 적립금에서 떼는 후취 비용이 펀드의 4분의 1 수준으로 낮아서 시간이 지날수록 평균 비용이 낮아지므로 장기 유지하는 데 유리하다고 할 수 있다.

잘 모이는 공식 29 노후 소득의 공식 1

노후 준비는 저축의 골든타임 때 많은 돈을 투자할 수 없다. 적은 금액이라도 일찍 시작해서 오랜 기간 타임 레버리지 효과를 기대하며 준비해야 한다.

1. 첫째 타임 레버리지 : 퇴직금과 퇴직연금의 중간 정산 금지(퇴직금은 내 돈이 아니다.)
2. 둘째 타임 레버리지 : 개인연금의 조기 가입과 장기간 유지(장기간 유지할수록 평균 비용은 낮아진다.)

04

**노후 소득의 공식 둘,
소득 포트폴리오를 다양화하라**

도시형 라이프스타일에 필요한 최소 노후 월 생활비인 300만 원을 만들기 위해서는 어떻게 해야 할까? 가장 먼저 현금으로 준비하는 방법이 있다. 만약 현금으로 준비한다면 얼마가 필요할까? 60세부터 노후 생활을 시작할 경우 여성의 평균수명인 84세까지 매월 250만 원을 생활비로 쓰려면 7억 5,000만 원이 필요하다(이자율 1.5퍼센트, 매년 1.5퍼센트 인플레이션 기준).

● 현금으로 노후 자금이 얼마나 필요할까

(단위: 원)

연령	노후 자금	연간 생활비	연간 잔액
60세	750,000,000	30,000,000	720,000,000
61세	730,800,000	30,450,000	700,350,000
62세	710,855,250	30,906,750	679,948,500
63세	690,147,727	31,370,351	658,777,376
64세	668,659,037	31,840,907	636,818,130
65세	646,370,402	32,318,520	614,051,882
66세	623,262,660	32,803,298	590,459,363
67세	599,316,253	33,295,347	566,020,906
68세	574,511,219	33,794,778	540,716,442
69세	548,827,188	34,301,699	514,525,489
⋮	⋮	⋮	⋮
76세	342,626,098	38,069,566	304,556,531
77세	309,124,879	38,640,610	270,484,269
78세	274,541,534	39,220,219	235,321,314
79세	238,851,134	39,808,522	199,042,612
80세	202,028,251	40,405,650	161,622,601
81세	164,046,940	41,011,735	123,035,205
82세	124,880,733	41,626,911	83,253,822
83세	84,502,629	42,251,315	42,251,315
84세	42,885,084	42,885,084	0
85세	0	43,528,361	−43,528,361
86세	−44,181,286	44,181,286	−88,362,572
87세	−89,688,011	44,844,005	−134,532,016
88세	−136,549,996	45,516,665	−182,066,662
89세	−184,797,662	46,199,415	−230,997,077
90세	−234,462,033	46,892,407	−281,354,440

현금 7억 5,000만 원은 엄청 큰돈이지만, 그럼에도 84세 이후까지 생존한다면 263쪽의 표에서와 같이 더 이상 생활이 불가능하다. 최근 들어 수명이 길어져서 생기는 경제적 위험을 장수의 위험이라고 한다. 현금이 가장 안정적인 방법이지만, 이런 변수로 인해 노후 준비로 현금을 선호하지 않는다.

두 번째는 임대용 부동산이다. 2015년 기준 우리나라 수도권 평균 임대수익률(국토교통부 2015년 자료)은 4.5퍼센트 수준이다. 시가 8억 원의 상가를 소유할 때 매월 300만 원의 임대료를 받을 수 있다는 말이다. 자신이 거주하는 주택을 제외하고 8억 원짜리 임대용 부동산을 마련했다면 정말 대단한 일이 아닐 수 없다.

하지만 임대 수익은 현금처럼 확실하게 보장되지 않는다. 쉽게 말해 상권이 변하면서 임대료가 하락할 수 있는 위험도 있고 세입자가 나가면 공실이 생겨 임대료가 아예 들어오지 않을 수도 있다. 이를 공실 리스크(월세가 들어오지 않아서 생기는 경제적 위험)라고 한다. 많은 사람이 부동산 임대 소득을 선호하지만 이런 변수 때문에 전체 노후 소득을 부동산에 의존하는 것은 적절하지 않다.

또 다른 방법으로는 기업이 퇴직금을 장기금융 상품으로 적립하여 연금으로 받게 하는 퇴직연금이나 개인이 개인연금에 가입해 추가로 노후 소득을 만드는 것이다. 더구나 요즘은 완전 은퇴real retirement를 선택하기보다 퇴직 후 소자본 창업이나 저임금이라도 일을 함으로써 약간의 소득을 추구하는 세미 은퇴semi retirement를 선호한다. 현직에서 퇴직하고 나서도 일을 계속하고자 하는 욕구가 강해 적은 돈이라도 소득을 이어 가고자 한다.

● 노후 소득 포트폴리오를 위한 다양한 방법

구분	부동산 소득	금융/연금 소득			세미 은퇴 후 근로/사업 소득
	임대 소득	현금(예금)	공적연금 (국민연금)	퇴직연금 개인연금	세컨드잡 (창업 등)
장점	임대료 상승 기대, 인플레이션 대비	안정성 높음	지급 보장	안정성	안정적
단점	상권 변동성 공실 리스크	수명 리스크	수급 조건 변동성 위험	인플레이션 변동성	없음

그런데 여기서 중요한 것은 노후 소득으로 제시한 대여섯 가지 방법 중 한두 가지를 중심으로 노후 준비를 해서는 안 된다는 점이다. 노후 생활비는 매월 발생해야 하는 소득으로 무엇보다 안전하고 지속적으로 가능해야 한다(안정성, 지속성 필수). 변동성을 줄이는 것이 반드시 필요하기 때문에 네댓 가지의 소득 포트폴리오를 통해 노후 생활비를 확보하는 것이 좋다.

미혼인 김연숙(59세) 씨는 25년 넘게 한 직장에서 근무했으며 2년 전 세미 은퇴했다. 퇴직할 때 받은 퇴직금은 오피스텔에 일부 투자하고 일부는 가게 보증금과 창업하는 데 사용했다. 세미 은퇴라고 말하는 이유는 동네에 10평 남짓한 작은 카페를 운영하며 경제활동을 하고 있기 때문이다.

그녀는 소득이 줄어드는 것을 감수하더라도 아르바이트생을 쓰면서 자신은 비교적 자유롭게 생활하고 있다. 카페 운영이 큰 소득으로 이어지지는 않지만 소일거리를 한다는 마음으로 욕심 없이 운영하고 있다. 그녀가 비교적 경제적으로 여유로울 수 있는 이유는 노후 생활의 포트폴리오를 보면 쉽게 이해된다. 네 군데서 생활비가 나오는데, 월 생활비 포트폴리오는 다음과 같다.

김연숙 씨 노후 생활비 내역

① 개인연금신탁과 개인연금저축	월 55만 원
② 판교 오피스텔 월세	월 85만 원(퇴직금으로 마련)
③ 국민연금	2년 후 수령 예정(75만 원 예상)
④ 현재 운영하는 카페	월 50만~100만 원

평균 215만 원
(2년 후 290만 원)

잘 모이는 공식 30 노후 소득의 공식 2

금융 소득, 임대 소득, 사업 소득, 근로 소득 등 여러 곳에서 소득이 발생하는 노후 준비가 필요하다.
1. 퇴직금, 개인연금에만 의존할 경우 : 안정성은 있으나 인플레이션 극복에 취약하다는 약점이 있다.
2. 임대 소득에만 의존할 경우 : 인플레이션을 극복하는 강점은 있지만 공실 리스크나 기타 변동이 있을 가능성이 크다.

05

긴급예비비의 공식, 감수불가 위험의 우선순위

인생을 살다 보면 불가피하게 맞닥뜨릴 수밖에 없지만, 그럼에도 피하고 싶은 것이 있으니 바로 '위험'이다. 위험은 크게 두 가지 의미를 갖는다. 첫 번째는 공사 중인 도로 위에 맨홀 뚜껑이 열려 있을 때 보행자들에게 이를 알리기 위해 '위험'이라 표시한 표지판을 세워 둔다. 여기서 말하는 위험은 물리적인 피해를 줄 수 있는 눈에 보이는 위험을 말한다. 두 번째는 당장 눈에 보이지는 않지만 경제적으로 피해를 줄 수 있는 위험으로, 이를 잠재 위험이라고 한다.

두 가지 위험

1. 물리적 위험 : 눈에 보이는 위험으로 물리적인 피해를 줄 수 있다.
2. 잠재 위험 : 눈에 보이지 않는 잠재된 위험으로 경제적이거나 정신적인 피해를 줄 수 있다.

일상에서 언제 마주치게 될지 모르는 물리적인 위험도 당연히 피해야겠지만, 여기서는 경제적으로 어려움에 처할 수 있는 잠재 위험에 대해 알아보자. 우리는 이처럼 다양한 경제적 위험에 대비하기 위해 보험에 가입한다. 보험을 비롯해 경제적 위험에 대비하는 것을 긴급예비비라고 말한다. 필자는 지금까지 단 한 번도 보험을 좋아하는 사람을 만난 적이 없다.

보험이란 제도는 손에 잡히거나 눈에 보이지 않으며 누구나 피하고 싶은 상황에 처해야만 보험 혜택을 받을 수 있다. 또 저축처럼 돈이 되는 것도 아니고 매월 일정 금액을 납입해야 하니 보험을 좋아한다는 것 자체가 어불성설이다. 그래서 많은 사람이 관심을 두지 않으며, 설사 가입하더라도 꼼꼼히 따지기보다 대충 설명을 듣고 가입하는 경우가 많다. 긴급예비비에서 중요한 위치를 차지하는 보험은 어떤 조건을 따져 보고 가입해야 할까? 이제부터 효율적인 보험 가입을 위한 가이드라인을 제시하겠다.

보험은 얼마나 가입해야 할까

우리나라는 2017년을 기준으로 국가 예산의 400조 중 40조가 국방 예산이다. 국가 예산이 개인한테는 소득과 같으며 국방 예산은 보험료와 같다고 할 수 있다. 즉 국가도 살림살이의 10퍼센트를 보험료로 내는 셈이다. 국가 예산 가운데 국방비의 비중은 그 나라의 상황과 밀접한 관계가 있다. 이는 개인도 마찬가지다. 모든 비용은 반드시 소득의 규모에 비례해 달라진다는 것을 기억하자. 대형차에는 대형차에 맞는 브레이크가 필요하다. 대형차에 소형차의 브레이크를 달 수 없다는 말이다. 반대로 소형차에 대형차의 브레이크는 당연히 불필요하다.

보통 월 소득으로 생활하는 급여 생활자를 기준으로 봤을 때 보험료는 소득의 3~5퍼센트 정도가 바람직하다. 소득과 연계해서 보험료를 제한해야 하는 이유는 보험이 저축보다는 긴급예비비의 성격이 강하기 때문이다. 그런데도 현장에서는 보장성 보험을 저축의 성격으로 가입하고 유지하는 경우가 많다.

또 수십 년간 유지하면 납입금의 100퍼센트 넘는 환급금을 돌려주기 때문에 저축의 기능도 한다고 말한다. 예를 들어 어떤 보험을 월 10만 원씩 20년간 불입해 30년 후 납입금의 100퍼센트 넘는 돈을 환급한다고 가정해 보자. 그럴 경우 30년 후 2,400만 원의 저축 효과가 있다고 생각할 수 있다.

하지만 절대 그렇지 않다. 이는 2,400만 원이라는 돈의 시간적 가치를 전혀 고려하지 않은 계산이다. 다시 말해 현재의 화폐 가치가 아니라는 뜻이다. 연간 3퍼센트씩 인플레이션이 일어난다고 가정하면 2,400만 원을 현재 화폐 가치로 환산했을 경우 1,000만 원도 안 되는 금액이다. 가장 결정적인 것은 만약 그 보험을 해약하지 않는 한 그 돈은 찾을 수도 없다. 해약을 한다면 더 이상 보험의 혜택도 사리지기 때문이다.

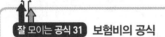

잘 모이는 공식 31 **보험비의 공식**

1. 보험료는 긴급한 상황에서 사용하는 비용의 성격이므로 소득에 비례해 달라져야 한다(소형차에 대형차 브레이크는 필요 없다).
2. 월 소득을 기준으로 3~5%의 보험료 지출이 바람직하다.

어떤 보험을 선택해야 할까

보험에 가입하는 이유는 잠재적 위험에 대비하기 위해서다. 잠재적 위험이란 앞으로 경제적인 손실을 가져올 수 있는 것을 가리킨다. 그렇다면 경제적 손실이 생길 수 있는 모든 경우에 대비해 보험을 가입해야 하는 것일까? 당신은 이에 대해 어떻게 생각하는가? 필자는 그렇지 않다고 생각한다.

우리가 인생을 살면서 맞닥뜨릴 수 있는 경제적 손실은 경우의 수를

위험

ⓐ 확률 낮고 위험 높음	ⓑ 확률 높고 위험 높음
ⓓ 확률 낮고 위험 낮음	ⓒ 확률 높고 위험 낮음

0　　　　　　　　　　　　　　　　　확률

※ 위험 : 경제적인 손실
　확률 : 사건이 일어날 확률

헤아리기 어려울 정도로 많다. 비용에 제한이 없다면 가능한 한 모든 경우의 수에 해당되는 보험에 가입해야겠지만 이는 물리적, 경제적으로 불가능하다. 주어진 예산 내에서 필요성이 높은 우선순위를 정해 보험에 가입해야 한다.

이를 감수 위험의 우선순위라고 한다. 감수 위험의 우선순위란 사건이 발생할 확률보다 확률과 관계없이 자신의 경제력으로 감당할 수 없는 위험부터 우선적으로 보험을 통해 대비해야 한다는 뜻이다.

위의 그림과 같이 a, b, c, d의 네 가지 사건이 있다고 가정해 보자. 당신은 어떤 상황을 보장해 주는 보험에 먼저 가입해야 한다고 생각하는 가? 보험금을 받는다는 것 자체가 목적이라면 확률이 높은 쪽을 선택할 수 있지만, 그보다는 발생했을 때 경제적 손실이 큰 경우부터 우선적으로 가입해야 한다. 바람직한 보험 가입의 우선순위는 다음과 같다.

1순위 b사건 〉 2순위 a사건 〉 3순위 c사건 〉 4순위 d사건

확률도 높고 위험도 큰 b가 1순위가 된다. 다음은 확률은 낮지만 위험이 높은 a, 그다음은 d와 c가 될 것이다. 가입 1순위인 b사건에 대비하는 보험으로는 어떤 것이 있는지 생각해 보자. 안타깝게도 그런 보험은 세상에 존재하지 않는다. 높은 확률로 일어나는 일에 높은 경제적 보상을 하는 보험이 있을 리 만무하다. 예를 들어 80세 넘은 노인에게 사망하면 수억 원의 보험금을 지급하는 보험이 존재하지 않는 것과 같은 이치다.

또한 d사건도 굳이 보험이 필요하지는 않다. 확률도 매우 낮으면서 경제적인 손실도 크지 않기 때문이다. 홀인원을 했을 때 보험금을 타는 상품이 여기에 해당될 텐데, 이는 경제적 손실에 대한 보상이라기보다는 축하금의 성격에 가깝다. 결과적으로 보험을 선택할 때는 a사건과 c사건에 대한 우선순위가 문제인 셈이다.

2순위 a사건　〉　3순위 c사건
경제적 손실이 크다　　확률이 높다

a사건은 확률은 낮지만 만약 발생할 경우 일반인의 경제력으로는 도저히 감당하기 어려운 일을 가리킨다. 젊은 가장의 갑작스런 죽음이나 1년 이상 경제활동이 중단되는 중증 질병 등이 여기에 속한다. 이를 감수불가 위험이라 하며 보험 가입에서 최우선 순위가 된다. 반면 c사건은 발생할 확률은 높지만 발생했을 경우 보통의 경제력으로 감당할 수 있는 일을 가리킨다. 치과 치료비나 가벼운 상해나 골절 수술 등의 치료비가 드는 경우라면 감당하기 어려운 정도는 아니기 때문에 감수 위험이라 한다. 그래서 감수불가 위험이 충분히 보장된 이후 차선순위로 가입해서 보장 받는 것이 바람직하다.

잘 모이는 공식 32　보험 선택의 공식

감수불가 위험의 우선순위에 따라 보험은 평소의 경제력으로 감당할 수 없는 위험에 대해 우선적으로 가입해야 한다.

잘 모이는 공식, 다시 한번 기억하기!

잘 모이는 공식 24. **투자의 기본 공식 1**

1. 투자는 변동성에 근거한 것이 아니라 가치에 근거한다.
2. 투자는 가치에 근거하므로 일정 기간이 필요하다(장기 투자, 단기 투자 금물).
3. 투자는 일정 기간이 필요하므로 여유 자금으로 실행한다.

잘 모이는 공식 25. **투자의 기본 공식 2**

투자 비중은 자신의 투자 성향과 기간, 자금 성격에 따라 결정한다. 투자 전 최대 손실 허용 범위를 정하고 원칙을 세워야만 급격한 투자의 성공과 실패 시에도 자신의 성향이나 자금의 성격과 동떨어진 무리한 투자의 위험을 예방할 수 있다.

1. 자신의 투자 성향이 공격적일수록 위험 자산의 비중을 높일 수 있다.
    → 투자 성향보다 더 적극적인 투자는 삼가라.
2. 자신의 투자 가능 기간이 길수록 위험 자산의 비중을 높일 수 있다.
    → 단기 자금으로는 적극적인 투자를 삼가라.
3. 자신의 자금 성격이 여유 자금일수록 위험 자산의 비중을 높일 수 있다.
    → 여유 자금이 아니면 투자를 삼가라.
4. 손실 최대 금액을 미리 설정하고 성공이나 실패로 인해 급격하게 투자 금액이나 성향 등을 바꾸지 않도록 한다.

잘 모이는 공식 26. **투자의 기본 공식 3**

주식과 채권, 부동산의 수익률은 보이는 것이 전부가 아니다. 얼마나 쉽게 현금화할 수 있는냐를 가늠하는 유동성이 수익률을 판가름하기 때문이다.

1. 유동성과 수익률은 반비례한다.
2. 높은 수익률은 유동성이 낮은 자산에서 이루어진다.
    → 목표의 명확성을 높여 유동을 줄이는 것이 높은 수익률을 낼 수 있는 핵심 요소다.

잘 모이는 공식 27. 투자의 기본 공식 4

주식투자를 하고자 한다면 기본적으로 주식의 구성 요소를 이해하고 기업을 분석할 줄 알아야 한다. 더 나아가 기업 가치의 변화까지 읽을 수 있다면 묻지 마 투자 식으로 소중한 자산을 날릴 위험을 막을 수 있다.

1. 주식투자, 주가는 기업 가치에 수렴한다.
   재무상태표 : 특정 시점의 기업 현황을 나타낸다.(기업 가치=장부 가치)
   현재 주가(시장 가치) : 장부 가치 + 미래의 수익 가치
2. 주가의 변동을 보기보다 기업 가치가 어떻게 변화하는지 관찰하는 것이 투자의 핵심이다. → 기업 가치의 변화를 읽는 기초적인 지수 공부하기(PER, ROE, PBR, EPS, 부채비율).

잘 모이는 공식 28. 자녀교육비의 공식

자녀교육비는 비교적 먼 미래에 필요한 비용이기 때문에 사람들이 소홀하기 쉽다. 하지만 소득 80%와 장기저축 20%로 미리 준비한다면 자녀교육비로 아등바등하는 일이 줄어든다.

1. 결혼 15년 이후에 자녀교육비로 인한 부담을 덜어 준다.
2. 결혼 15년 이후에 노후와 창업 준비, 추가적인 교육비 준비 등에 유리하다.
3. 경제적인 정년 시기를 연장시켜 준다(저축 가능 시기가 연장된다).

잘 모이는 공식 29. 노후 소득의 공식 1

노후 소득은 주택 자금 등의 다른 이유 때문에 저축의 황금기에 많은 준비를 할 수 없지만 많은 비용이 필요한 것만은 분명하다. 따라서 단기간에 준비가 불가능하므로 일찍 시작해서 오래도록 준비해야 한다. 즉 적은 금액으로 시간의 지렛대를 이용하여 준비하는 것이 필요하다.

1. 첫째 타임 레버리지 : 퇴직금과 퇴직연금의 중간 정산 금지(퇴직금은 내 돈이 아니다.)
2. 둘째 타임 레버리지 : 개인연금의 조기 가입과 장기간 유지(장기간 유지할수록 평균 비용은 낮아진다.)

잘 모이는 공식 30. 노후 소득의 공식 2

금융 소득, 임대 소득, 사업 소득, 근로 소득 등 여러 곳에서 소득이 발생하는 노후 준비가 필요하다.

1. 퇴직금, 개인연금에만 의존할 경우 : 안정성은 있으나 인플레이션 극복에 취약하다.
2. 임대 소득에만 의존할 경우 : 인플레이션을 극복하는 강점은 있지만 공실 리스크나 기타 변동이 있을 가능성이 크다.

잘 모이는 공식 31. **보험비의 공식**

보험료는 긴급한 상황에서 사용하는 비용의 성격으로 소득에 비례해 달려져야 한다(소형차에 대형차 브레이크는 필요 없다). 따라서 월 소득을 기준으로 3~5%의 보험료 지출이 바람직하다.

잘 모이는 공식 32. **보험 선택의 공식**

세상 모든 잠재적 위험을 보험으로 다 막을 수는 없다. 평소의 경제력으로는 도저히 감당하기 어려운 감수불가 위험에 대비하는 보험을 우선적으로 가입하고 그다음 여유가 있을 때 감수 위험을 대비하는 보험에 가입해야만 한다.

서서히 찾아오는 인생의 변화를
제대로 준비하는 사람들

인생은 갑자기와 서서히라는 두 가지 사건으로 이루어진다. 어느 날 자고 일어났더니 하루아침에 스타가 되었다거나 우연히 산 로또가 1등에 당첨되어 벼락부자가 된다는 상상을 해본 일이 있을 것이다. 갑자기라는 사건은 인생을 아주 멋지고 극적으로 만들어 준다.

그래서 많은 사람이 내 인생에 갑자기라는 멋진 사건이 나타나길 기다린다. 또 갑자기라는 사건으로 인생이 바뀔 거라 꿈꾸는 것이다. 그런데 아쉽게도 인생은 99퍼센트가 서서히라는 사건으로 이루어진다. 서서히라는 사건은 평소에는 잘 눈에 띄지도 않는다. 오랜 시간이 지나고 나서 결과가 눈에 보이기 시작하고 그제서야 그 원인을 짐작하게 한다.

우리가 인생에서 늘 경계하고 진짜 조심해야 하는 것은 사실 갑자기 란 사건이 아니라 바로 이 서서히라는 녀석이다. 서서히라는 녀석은 사전에 예고는 물론이거니와 어떠한 경고도 하지 않고 우리가 잘못되고 있다는 것을 깨닫지 못하게 하기 때문이다. 서서히를 왜 경계하고 조심해야 하는지 알고 싶다면 인생에서 큰 실패나 큰 성공 속에 숨은 진짜 이유가 무엇인지를 찾아보면 쉽게 알 수 있다.

사람의 목숨을 위협하는 큰 병도 겉보기에는 갑자기 찾아온 것처럼 보이지만, 사실은 수많은 시간이 쌓인 갖가지 원인의 결과인 경우가 많다. 주변에서 대단한 성공을 거둔 사람들의 속을 들여다보면 남모르는 엄청난 땀과 노력이 숨어 있다. 하루아침에 이루어지는 것은 없다는 말이다. 위대한 화가의 그림이나 연주가의 아름다운 음악도 찰나와 같은 순간에 빛나지만 그것을 만들어 내기까지 말로 다 할 수 없는 노력이 켜켜이 쌓여 서서히 이루어진 것이다.

지금까지 우리가 살펴본 돈 관리도 마찬가지다. 지난 몇 년간 계속된 저금리와 저성장은 이제 우리 삶에서 갑자기 찾아오는 마법을 완전히 거두어 버렸다. 하지만 이런 상황에서도 지금보다 나은 미래를 생각하고, 오늘도 기본에 충실한 삶을 열심히 살아가는 사람이 수없이 많다.

지금 당장은 변화가 없을지라도 서서히라는 힘과 능력을 믿는 사람들이다. 우리가 살펴본 '잘 모이는 공식'이란 결국 '서서히'라는 위대한 힘이 만들어 내는 공식이자 이 시대에 다시금 새로운 희망을 만들어 가는 사람들의 이야기가 분명하다. 필자는 이 책을 통해 많은 사람이 잘 모이는 공식의 핵심인 예산과 목표의 중요성을 깨닫고, 이 순간부터 자신만의 확실한 목표와 예산을 만들어 보기를 바란다. 그 작은 시작이 큰 변화의 출발점이 되고 위대한 결과의 첫 단추가 될 것이기 때문이다.

이 세상에서 가장 위대한 일은 가장 사소한 일이 모여 만들어진다는 것을 다시금 되새기는 시간이 되길 기대해 본다. 이 책을 쓰는 동안 많은 격려와 힘이 되어 준 분들께 다시 한 번 감사의 말씀을 드린다. 비즈니스북스의 홍영태 대표님과 김현미 과장님께 감사의 인사를 전하며 기도와 응원을 아끼지 않은 김린 순장님과 모든 다락방 식구들에 감사드린다. 지난 3년 동안 세 권의 책을 쓰면서 주말을 함께하지 못했지만 항상 곁에서 파이팅을 외쳐 준 아내와 아들 준호 그리고 딸 성은이, 무엇보다 완성도 있는 책을 만들 수 있도록 많은 영감을 불어넣어 주신 연강흠 교수님과 연세대학교 95기 FMBA 여러분, 마지막으로 언제나 큰 일을 감당할 수 있도록 능력을 주시는 하나님께 감사드린다.

BINDING

·

BALANCING

·

TIMING